1万人の才能を引き出してきた

脳科学者が教える「やりたいこと」の見つけ方

How to find what you want to do

脳科学者
西剛志

PHP

人生で一番大切な日が二日ある。
それは、あなたが生まれた日と、なぜ生まれたのかわかった日。

〜マーク・トウェイン（『トムソーヤーの冒険』の著者）〜

The Two Most Important Days In Your Life are The Day
You are Born And The Day You Find Out Why.

はじめに

■「自分らしさ」に苦しまないために

私は、何がしたいんだろう？
一度でも、そんなことを考えたことはありませんか？

人と比べて、「何者でもない自分」に絶望したとき
先が見えなくて、「将来が不安」なとき
就職、転職、結婚、第2の人生──「人生の岐路」に立たされたとき
今の仕事に「やりがい」を感じられないとき
なかなか結果が出なくて「焦っている」とき

忙しい日々のなかで、私たちはたびたび、

「自分の人生は、このままでいいのだろうか？」と立ち止まります。

本当に向いている仕事って？

自分の強みとは？

自分は何ができるのか？

自分の進んでいる方向は合っているのか？

仕事だけの人生でいいのか？


自分で、自分がわからなくなる――。

こうした迷いを前に、「自分探しの袋小路」に迷い込み、堂々巡りする。

そうした人々が、今日も私の講演会やオフィスを訪れます。


はじめに、伝えておきたいことがあります。

それは、「やりたいことが見つからない」のは、あなたのせいではないということです。

これだけ、職業選択が自由になり、生き方が多様な時代に、迷わないほうがおかしいのです。

住むところも、職業も、結婚すらも、すべて生まれた場所で定められていた時代がありました。

そこに、選択の自由はありませんでした。

そうした時代に比べると、現代ははるかにいい時代になったといえます。

では、昔に比べて現代人は幸せになれたのでしょうか？


私には、わかりません。

ある意味では自由に、そして、ある意味では不自由になったといえます。

「何でもできる」は、裏を返せば「何もできなくなる」ということ。

選択肢が無限にあると、人の脳はフリーズして決断できなくなるからです。


しかし、世間は「自分らしくあれ」といいます。

これが無言のプレッシャーになり、ジレンマを抱えて苦しむことになるのではないでしょうか？

そして、自分らしく生きられない自分に、自信が持てなくなる……。

多くの現代人は、こうした悩みを抱えているように感じます。

しかし、それではあまりにも、もったいないでしょう。

人はみな特有の才能があるにもかかわらず、やりたいことがわからないがために、つぼみのまま人知れず枯れていくことが多すぎるのです。

こうした人たちの背中を押してあげたい。

自分らしく生きるために、多くの方にもっと脳力を生かしてほしい。

これが、私が本書を執筆したきっかけです。

■限りある時間を、どう生きるか？

実は私自身、かつて「やりたいこと」が見つからなかった1人です。

恥ずかしながら、物心つく幼少時代から約30年間、興味があることは多かったものの、本当にやりたいことがわからずにいました。

今でこそ天職である「うまくいく人とそうでない人の脳の違い」を調べる仕事

を通して、やりたいことに邁進《まいしん》していますが、それまでにいくつの仕事を経験したことか……。

学生時代は、自分がやりたいことを見つけようと思い、ホテルのウェイターなどの接客業から、塾の講師に家庭教師、プログラミングからイベントの手伝い、交通量をカウントする仕事に、夏のプールで賑《にぎ》わう遊園地の駐車場で壁の塗装《とそう》をはがす仕事まで……、手あたり次第、目についた職業を体験してみたのです。

そして、大学での研究職を経て、一度は特許庁に落ち着きました。

とはいえ、特許庁の仕事はそれなりに面白いと思いつつも、**「何かが足りない」と感じていた日々**でした。

そんな折に、30代前半で難病を宣告されました。

自身の治療のためにさまざまな文献を読み漁《あさ》り、そのなかで脳と病気の関係に関する論文に辿《たど》り着きました。

それが、私が脳の研究に興味を持ち始めたきっかけです。

この経験が、私の後の人生の方向性を決定づけたと思います。

3年半の闘病生活を経て、奇跡的に病気は完治し、私は残りの人生を「脳の研究を通じて、人を助ける仕事をしよう」と決めました。


この闘病生活を通じて感じたことは、「人生は長くない」ということです。

限りある人生を、どう過ごすのか？

無為《むい》に過ごすのではなく、意味のある人生にしたい。

多くの人は、そう思うはずです。


私は、3年半の闘病生活の間、徹底的に自己理解を深めました。

これから、何がしたいのか？

何を叶《かな》えていきたいのか？

どうすれば、社会や人の役に立てるのか？


こうした自問自答を経て、2008年に会社を設立しました。

現在、「脳の素晴らしい可能性を通して、多くの人の幸せに貢献する」を理念に、子育てからビジネス、スポーツまで、成功している人たちの脳科学的なノウハウを提供する仕事などをしています。

なかでも、「才能診断」と「ライフディスカバリー®プログラム」という、子どもから大人まで才能を引き出す方法を提供するサービスは、多くの方から支持していただき、人気を博《はく》しています。

企業から教育者、高齢者、主婦などを含め、これまでに1万5000人以上の人に講演会を提供し、約5000人以上の人を直接サポートいたしました。

本書では、欧米を中心に研究が進んでいる天職に関する200以上の論文をベースに、私独自の研究成果を踏まえ、「やりたいこと」を見つけるための「考え方」について解説します。[*1]

通常の対話を通したプログラムとは異なりますが、今回、みなさんには書籍用にアレンジしたものを体験していただきたいと思います。

手軽に実践できるようシンプルにつくり換えていますので、「診断して1回で終わり」ではなく、質問が多すぎて途中で投げ出す心配もありません。

やりたいことが見つからず、もがいていた私自身の経験も交えながらお話しさせてください。

■「本当の自分」を知ろう

本題に入る前に1つだけ。

多くの方は、「やりたいこと」というと、「仕事」を想像されるのではないでしょうか?

私たちの活動の大部分が仕事であることを考えると無理もありません。

ですが、本書の扱う「やりたいこと」の範囲は仕事に留まりません。

仕事の話がメインにはなりますが、キャリアも含めてライフスタイル全体を通じて、あなたの「やりたいこと」を模索していきたいのです。

その過程で、あなた自身も知らなかった、あなたに出合えるはずです。

「私って、こんなこと考えてたんだ!」

「こんな才能があったの？」


こんなふうに、意外な一面を発見できるでしょう。

一方で、自分の特性を改めて知ることで、「やっぱりこれが向いていた」と確信を持つこともあるかもしれません。


そう、**本書では、「自分の本質を知る」ことができるのです。**

これが、本書の一番大事なポイントになります。

自己分析を通じて、ブレていた「自分の軸」が安定し、「やりたいこと」が見つかりやすくなるからです。


自分を見失っていた人も、読後は、「これだ！」と、自分の方向性が明らかになるでしょう。

あなたが夢中になって好きなことに打ち込む姿を想像すると、私のほうがワクワクしてきました。

きっと、今よりももっと自分を好きになっているはずです。

それでは、「本当のあなた」を知る旅に出かけましょう。

脳科学者　西　剛志

目次

1万人の才能を引き出してきた脳科学者が教える「やりたいこと」の見つけ方

第1章 なぜ、「やりたいこと」が見つからないのか？

第2章 ライフワークは、あなたを幸せにする

第3章

「ライフワークの原石」が見つかる77の動詞

第4章 あなたの個性がわかる「7つの質問」

第5章

適職がわかる「才能診断」

第6章

「好き」を見つける小さな習慣

第1章

なぜ、「やりたいこと」が見つからないのか？

原因

感情面

1 自分の感情にフォーカスしていない

子どもの「有名な人になりたい」は、本当の夢？

あなたの「やりたいこと」はなんですか？

そう聞かれて、どんなことが頭のなかに浮かびますか？

多くの人は具体的な「職業」を答えるかもしれません。

「自分に向いている仕事」や、トレンドに合った「稼ぎやすい仕事」を探そうとする人もいるでしょう。

子どもなら、メジャーリーガーやアイドル、有名デザイナーなど「みんなが憧れる仕事」を答えるかもしれません。

残念ながら、これらはいずれも、やりたいことが見つかりにくい人たちのパターンの1つです。

いくら仕事やチャンスに出合っても、その瞬間はこれがいいと思えたとしても、最終的に「やりたいこと」に辿り着けない可能性があります。


なぜ、そうなってしまうのでしょうか？

それは、**やりたいことを通じて得られる「感情」を無視している**からです。

たとえば「有名人になりたい」と夢を語る子どもにこう聞いてみます。

「なんで、有名人になりたいの？」

すると、こんな回答が返ってきます。

- 大きな収入を得て、**自由に暮らしたい**（**解放感を味わいたい**）から
- 毎日刺激があって、**ワクワクできそう**だから
- 多くの人に影響を与えて、**貢献できる喜びを感じたい**から……

これらの回答には、「ある共通したもの」が含まれています。

それは、有名になることで手に入れられる「自由」「ワクワク」「貢献の喜び」、つまり、やりたいことを通じて得られる「感情」です。

もし、有名人になれたとしても、「自由」「ワクワク」「貢献」をまったく感じられなかったら、その仕事を「やりたい」と思えるでしょうか？

たとえば、プロ野球選手になっても、お金がなくて自由がない、毎日同じ練習ばかりでスリルがない、子どもたちに夢も希望も与えられなかったら、その仕事をやる意味すら感じないでしょう。

このやりとりから、1つ大切なことがわかります。

それは、**「〇〇になりたい」「〇〇をやりたい」と願っている人が本当に手に入れたいのは、具体的な「職業」ではない**ということ。

実は、「やりたいこと」を通して得られる「感情」のほうなのです。

あなたが「本当にやりたいこと」の正体

人にはみんな、「何か」を通じて得たい感情があります。

これは本書における最大のポイントです。

たとえば、計画通りに物事が進んでいるときに得られる「安心感」

新しいことを体験したときに感じる「ワクワク」

推理して謎が解けたときの「高揚感」

かわいい動物や子どもと触れ合っているときの「癒し」

あるいは、誰かの役に立っているときに得られる「貢献感」

このように、「特定の行動を通じて得られるポジティブな感情」を「本当に得たい感情」、私は「ＰＥＲＣ（パーク）＝Positive Emotion Reconstructing Calling」と呼んでいます。

こうした感情を満たすものが、あなたが「本当にやりたいこと」の正体です。

先ほどの子どもの例でいえば、「有名になりたい」の本当の願いは、経済的な自由を手に入れて「大きな自由」を手に入れることかもしれません。

あるいは、予測できない展開にスリルやワクワクを感じたり、多くの人に夢を与えることで、社会に「貢献」することかもしれません。

そうした感情を手に入れるための手段の1つが、たまたま有名人（野球選手やアイドル）になることだっただけかもしれないのです。


もし、そうした感情が得られないとしたら、どうでしょうか？

憧れのプロ野球選手という職業に就《つ》けても、「……これは自分のやりたいことなのかな？」と、モヤモヤしてしまうかもしれません。


でも、問題ありません。

なぜなら、自分の感情を満たすことが大切だと理解すれば、どんなものでも、自分の「やりたいこと」に変わる可能性があるからです。

プロ野球選手などの有名人にならなくても、「自由」「ワクワク」「貢献」が手に入る活動はいくらでもある、ということです。


したがって、「やりたいこと」を見つけるには、具体的な職業ではなく、自分

の「感情」にフォーカスすることが先です。

ところが、多くの人は、悲しいことに「やりたいこと」を「職業」から探そうとします。

そのため、実際に仕事をやってみると、「何かが違う……」、でもその理由がわからない」と感じてしっくりこないことがあるのです。

これは、手段と目的が逆になっていることが原因です。

うまくいく人は、仕事を探すのではなく、自分が満たしたい「感情」とは何かを先に理解しています。

そのため、自然と「やりたいこと」と出合いやすくなるのです。

原因

2

感情面

直感を信じない

「よく考える」ほど、間違える⁉

多くの人は理性的に仕事を選ぼうとする傾向があります。

「収入が高いから」
「会社が業界で有名だから」
「待遇がよくて、休暇も取りやすいから」
「業績がよく、キャリアを積むには最適な環境だから」

でも、理性で選択しても、働いてみたら、「思ったのと違った」「こんなはずじゃなかったのに……」と感じたことはなかったでしょうか？

これは興味深い現象です。ビジネスやスポーツや芸術の世界でも、私が出合った「やりたいこと」を見つけている人は、そのほとんどが理性よりも感覚でやりたいことを選んでいました。

世界の一流科学誌『サイエンス』に掲載されたこんな面白い実験があります。[*1]

4台の車の中から最も理想的な1台を選んでもらう実験です。

このとき、被験者を2つのグループに分けました。

(1) よく考えて選んでもらうグループ

(2) すぐに決断しなければいけないグループ（直感的に選ぶグループ）

それぞれのグループには、燃費やタイヤの特性といった「単純な条件」の4つのポジティブとネガティブな情報を説明し、車を選んでもらいました。

その結果、(1)のグループのうち約60%が、もっともよい車を選びました。それに対して、(2)のグループは、約40%しかよい車を選べず、「じっくり考えてもらったほうがよい結果が得られる」ことがわかりました。

「理性が正しかった」という、ある意味、納得の結果かもしれません。

しかし、今度は（1）と（2）それぞれのグループに、より複雑な12の情報を提示して、もっともよいと思う車を選んでもらいました。

その結果、正しく選んだ割合は次のようになったのです。

（1）よく考えて選んだグループ→正答率：約25％
（2）すぐに決断したグループ　→正答率：約60％

私たちは条件が少ないときは、よく考えたほうが正しく選択できますが、条件が多く複雑になると、考えるほど誤ってしまうのです。

むしろ、直感のほうが理性よりも2.4倍も正確に判断できたことを意味しています。

同じような現象は、コロンビア大学の研究でも示されています。

アイドルコンテストの優勝者を当てるのに、直感のほうが優れていたことが報告されています（理性的な人の的中率は21％、感覚を信じる人の的中率は41％でした）。[*2]

誰が優勝するか判断するには、容姿だけではなく、「人柄」や「審査員の好み」「立ち居振る舞い」「言動」などの膨大な情報が必要になります。

ここでも、複雑な情報から正しく選択するためには、理性よりも直感のほうが優れていることが証明されているのです。

「やりたいこと探し」も同じかもしれません。決して単純な選択ではなく、世の中の数多くの情報のなかから判断しなければならないからです。

皮肉なことですが、たくさんの情報があればあるほど、理性で考えすぎて誤った判断をする可能性があるのです。

直感は、経験や知識の集大成

では、直感力を磨くためにはどうすればよいのでしょうか？

ヒントは、私たちの脳の奥深く「大脳基底核《だいのうきていかく》」という場所に隠れています。

将棋名人の脳を研究した事例を紹介しましょう。*3

将棋の名人は、約2〜6億の候補から最適な一手を選んでいます。

通常、アマチュア棋士は一手を打つためにロジカルに考えて答えを出しますが、名人は最初に直感で最適な一手を閃《ひらめ》き、その一手を脳内で検証する、という手順を踏むことがあるそうです。

そんな名人たちの脳は、共通して大脳基底核が活性化していました。

大脳基底核は、これまでの情報を記憶する場所で、経験を積むほど活性化する傾向があります。

身近な人以外と接しない子どもは、直感でいい人と悪い人を区別できませんが、人を見る目が養われた大人は、「何か怪しい」と思ったら、その勘が割と当たっていたということが多いでしょう。

裏を返すと、経験や行動の数が少ない（データが足りない）人は直感が働きにくい、ともいえます。

実際に、２０１１年の研究でも、直感でどの数字が多いかを当てるゲームをしてもらったところ、6回ゲームを経験すると的中率は65％となり、24回経験すると、その的中率は90％にまで高まりました。[*4]

私たちは経験値が少ないうちは論理的に考えますが、経験を通して勘が鋭くなることを意味しています。

多くの人は「根拠のない自信」に「気のせいかも……」「前からなんとなく興味はあるんだけど、『なんとなく』じゃ、説得力がないよなぁ……」などと気持ちに蓋《ふた》をしてしまいます。

しかし、脳科学的に正しい選択をするためには、とにかくたくさんの経験を積んで直感で選ぶべき、といってよいでしょう。

「なんとなく」の判断を怖がり行動をためらうより、まずはどんどん動いて経験を蓄積するのが、「やりたいこと探し」の近道です。

「やる前は心配だったけど、案外うまくできたし、気に入った」

こんなケースが珍しくないのです。

多くの人が考えている以上に、「やりたいこと」との出合いは直感的な形で訪れることがあります。

原因

思考面

3 「好き」ではなく「得意」を優先する

本心に蓋をする「アンコンシャス・バイアス」

ここからは、思考の面から「やりたいことが見つからない理由」を解説していきます。

実は、やりたいことが見つからない人の思考には、ある共通点があります。

それは、自分を制限する「アンコンシャス・バイアス」に囚われていることです。[*5]

アンコンシャス・バイアスとは、「無意識の偏見」とも呼ばれ、自分でさえ気づいていないモノの見方や、認知の歪《ゆが》み、および偏りのことです。

たとえば、男性が女性や若い人を見下した態度や発言をしたり、マジョリティがマイノリティに対する心無い言葉を投げかけたりする。

自分にはそのつもりがなくても、無意識にそうした言動をしてしまうことを、アンコンシャス・バイアスといいます。

これは、他人に向けられるアンコンシャス・バイアスの例ですが、実は自分自身に向けられた「無意識の偏見」もあります。

それは、「自分はこういう人間だ」という思い込みです。

「一度〇〇で挫折したのに、××ならできると思っているの？」
「こんな体型の私に、この洋服は似合わない」
「自分はこういう性格だから、向いていない」

このように、「自分への偏見」に無意識のうちに影響され、挑戦する前から「やめよう」と判断してしまいます。

すると、本心に蓋をする習慣ができてしまい、心から望むことがわからなく

なってしまうのです。

気づけば、自分の本音と現実との間にズレが生じ、苦しむことになります。

「成功」と「幸福」は同じではない

実際に、公認会計士として活躍するクライアントが、こう嘆いていました。

「仕事で成功したのに、ちっとも幸せじゃない」

話を聞いてみると、彼が本当に好きなのは「音楽」だそうです。

高校まで、彼は熱心にバンド活動をしていました。

しかし、音楽で食べていくのは難しいと判断し、最終的には得意だった数学を生かせる会計士の道を選んだのです。

目論見《もくろみ》通り、彼は会計士として成功しました。

それなのに、幸せを感じられないといいます。

いったい、なぜなのでしょうか？

それは、会計士の仕事では彼の感情を満たせなかったせいです。

私はこれまで、たくさんの人の「やりたいこと探し」をお手伝いしてきました。**そのなかに、この会計士の方のように「得意」だけど「好きじゃないこと」を仕事にしている人たちが、少なからずいます。**

この原因には、学校教育の弊害《へいがい》もありそうです。

キャリア教育でも、「強みを生かす」ことや「得意なことを伸ばす」ことが成功の近道とされ、「好き」という感情が大切にされていません。

「いくら好きなことでも、それでお金を稼げなかったら、食べていけないでしょう？」というわけです。

数々のキャリア理論でも、

「好きなことがわからないなら、まず得意なことを追求しよう」

「それが好きでなくても、好きになる努力をしよう」

などと教えています。それどころか、

「好きなことを仕事にしないほうがいい（飽きるから。趣味と仕事は違うから）」

とする意見も根強くあります。

私は、こうした意見を否定しようとは思いません。

得意なことを武器に人生を切り開き、成功を手にする人も実際にはたくさんいるからです。

しかし、社会的に成功しさえすれば、それで「幸福」といえるのでしょうか？

一生、その仕事を続けたいと思えるのでしょうか？

「そうではない」からこそ、こんなにも悩んでいる方がいらっしゃるのではないでしょうか？

仕事とは本来、人が幸福になるための手段であるはず。

「好きなことをしなければ」と、好きなこと自体が重荷になってはいけませんが、人が幸福になるには、好きなことで感情を満たす必要があります。

仕事もプライベートもワクワクしたいなら、「得意」を追究するだけではもったいない。少し勇気がいるかもしれませんが、「好き」なことに向き合ってみることで、自分に対する理解を深めることがあります。

原因

4 自分に「向いていないこと」がわからない

思考面

「小さな違和感」を集めよう

私は、幼少期から、「自分は何がしたいんだろう？」とずっと考えている子どもでした。

学生時代にアルバイトを転々としたのも、やりたいことを見つけるため。「はじめに」でも説明した通り、さまざまな仕事を経験しました。

その結果、「どの仕事も向いていないな」と思い知らされました。

ビルの解体の仕事などは、すぐに音《ね》をあげました。朝5時に起きて車で2時間も移動、そしてランチ休憩以外は7時間ずっと労働でした。

しかし、それは実際にやってみたからこそ、わかったことです。

結局、私は肉体労働もそうですが、単純作業が苦手だとわかりました。
そうしたことも、「自分は何がしたいんだろう？」と机の上で考えているうちは、わからないでしょう。

お気づきでしょうか？
私が、アルバイト経験で得たものは「これは自分に向いている」というプラスの感覚ではなく、「向いていない」という違和感です。

「違和感」は、やりたいこと探しの、強力な手がかりです。[*6 *7]
向いていないことがわかると、向いていることもわかってくるでしょう。
今やっている仕事から、違和感のある作業を少しずつ減らしていけば、徐々にやりたい仕事に近づけるからです。

体験から得られる違和感を、大切にしてください。
普段から「この仕事、どうもしっくりこないな」と引っかかりを覚えることはありませんか？

それは、仕事をするうちに忘れてしまうような、あまりにも小さな違和感かもしれません。

しかし、本当は違和感があったときこそ、「やりたいこと」に近づくチャンスです。

違和感の正体は何か、言葉にするのは難しいと思いますが、覚えておいてください。

理想のパートナー選びは、「12人」とつきあった後

実際になんでもやってみて、違和感をたくさん集めてみる。

実はこれ、恋愛にも通じるところがあります。

シドニー大学の研究は、理想のパートナーを75%の確率で見つける方法を提唱して話題になりました。[*8]

ずばり「12人とつきあってから」パートナーを探すことです。

12人のなかには、当然さまざまなタイプが含まれていることでしょう。

そのなかで目につくのは、あなたが「嫌だな」と思う点です。

たとえば、あなたが女性だとすると、「元カノのプレゼントを処分せず持っている男性はちょっと……」と思うこともあるかもしれません。

「食事の仕方が気になる」ケースもあるかもしれません。


12人もつきあえば、自分が「嫌だな」と思う点はどんなところか、理想のパートナー像はどんなものか、具体的になるでしょう。

仕事でも同じことがいえる、というわけです。

多くの仕事を体験し、違和感を集めることで理想の仕事が見えてきます。


ですから、転職や副業、アルバイト、派遣の仕事もやりたいことを見つける方法の1つです。

「1つの仕事を根気よく続けることで人は成長する」という意見も一理あります。一方で、さまざまな仕事を経験しながら違和感を集めることも、やりたいこと探しには欠かせないプロセスなのです。

原因

思考面

5 「世間の評価」を基準にする

「他人の期待」は、コントロールできない

プロ野球選手になれたら「カッコいい」。

医者になれたら「カッコいい」。

経営者になったら「カッコいい」。

他ならぬ私自身、そう思っていました。

しかし残念なことに、「カッコいい」ことをしようとする人も、「やりたいこと」を見つけにくいかもしれません。

「カッコいい」を求める人の特徴は、「人に認められること（承認されること）」です。


それはつまり、自分の外側に動機がある人です。

自分が認められるかどうかは、環境や相手次第であり、コントロールできるものではありません。

「人がほめてくれるから好き」も同様です。

本当は好きではないのに、ほめられると嬉しいあまり、好きだと錯覚してしまうのです。

ほめられることにフォーカスすると、人が期待する行動を優先的に行なってしまうというリサーチもあります。[*9]

これは、世間の評価を中心に据える生き方といえるでしょう。

実は、私たちの幸福度がもっとも下がるのは、自分ではコントロールできない環境に置かれたときだとする研究があります。

所得や学歴の「高さ」よりも、「自己決定」したかどうかが、幸福度を左右するのです。[*10][*11][*12]

現実には、「仕事ができるね」「勉強ができるね」と評価されてきた人ほど、自分がやりたいことを見つけるのに時間がかかることがあります。

実は、賢い人ほど、やりたいことが見つかりにくい傾向があるのです。

「自分以外の何者か」になろうとしない

やりたいことを見つけるにあたり、「世間で尊敬されている、憧れの人になりたい」と話す方もいらっしゃいます。

ですが、これもおすすめできません。

心理学的には、人が誰かに憧れるのは、自分に「ない」ものを、その人が持っているからだ、と考えられています。[*13] **これを、「相補性対人理論」といいます。**

したがって、「憧れのあの人になりたい」と願うのは、それは自分の手に入りにくいものをほしがるのと同じなのです。

スティーブ・ジョブズに憧れても、ジョブズそのものにはなれません。

誤解のないようにお伝えすると、ジョブズのような起業家を目指し、イノベーションを起こしたいと思って努力するのは、人の成長を促す、とてもいいことだと思います。

なぜなら、脳はゴールがあると脳の司令塔である前頭前野が活性化して、行動が起きやすくなるからです。

また、体験を通して思考の枠が広がり、能力が伸びやすくなります。[*14]

さらに、私たちは成果を出すよりも、成長や前進しているときに喜びを感じるという性質があります。[*15]

幸福度が高まると仕事の生産性は10～31％、創造性は3倍にもなるため、よりうまくいきやすくなることが期待できます。[*16][*17]

しかし、憧れの人そのものになろうとすると、「その人にはなれない苦しみ」が生まれます。ロールモデルはあくまで成長するための参考です。

自分以外の何者かになろうとしない。

これも、「やりたいこと」を見つけるための大切なポイントです。

原因

6

思考面

既存の仕事から探す

「ない仕事」の見つけ方

現存する職業は「誰かがつくったもの」です。

その枠に自分を押しこもうとすると、無理が生じることがあります。

もちろん、既存の仕事のなかにやりたいことを見つけられるなら、それに越したことはないでしょう。

しかし、こうしている今も、新しい仕事は生まれ続けているのです。

あなたの知らない仕事に、やりたいことが含まれているかもしれません。

私が伝えたいのは、**自分の感情を満たす仕事が「既存の仕事のなかにある」と**

思い込むと見つかりにくい、ということです。

私自身、就職活動時に思い知りました。

大量の企業説明の資料の束を前に「このなかからなら、きっと自分のやりたい仕事が見つかるはずだ！」と気合いを入れて、すべてに目を通したのです。

しかし、どれもピンとこない。

「この世には、自分がやりたい仕事はない」という結論に辿り着きました。

結果的に、私は大学卒業後すぐには就職せず、博士課程に進学しました。

それも、「やりたい仕事がないから、仕方なく」でした。

思えば、やりたいことが見つからなかったのは当然です。

今、私がライフワークとしているのは「ビジネス、スポーツ、人間関係、恋愛、子育てなどさまざま分野で、うまくいく人とそうでない人の脳の違いを研究し、そのノウハウを企業や教育機関に提供する」ことです。

そもそも「ない仕事」なので、既存の仕事から見つかるはずがありません。

でも、ないなら、私だけのやりたいことを自分でつくればいい。

そう考えると、「この選択肢から見つけなくては！」というプレッシャーから、少しだけ解放された気がしました。

既存の仕事を、組み合わせよう

ただ、既存の仕事のことを知らなくていいわけでは決してありません。

むしろ、**世の中にある仕事について知識を蓄えておいたほうが、やりたいことは見つけやすくなります。**

なぜなら、どんなに新しく見える仕事も、まったくのゼロから生まれるわけではないからです。

新しい仕事は、既存の要素の組み合わせによってできています。

たとえば、ゲーム×スポーツで「Eスポーツプレーヤー」としての仕事が現在、世界的に盛り上がっているようです。

樹木×医師で「樹木医」という仕事があったり、料理×アナウンサーで「料理実況」、ドラム×エアロビクス講師で暗闇のなか、ドラムをたたきまくる「ドラムサイズインストラクター」という仕事もあります。

また、科学×法律で、発明弁護士としても活躍が期待できますし、AI×自動車で「自動運転技術のエンジニア」、筋トレ×お酒を飲めるバーを開店し、筋肉女子のパフォーマンスが外国人に大ウケしている例もあるようです。

したがって、今ある仕事やジャンルを複数組み合わせることで、「これだ！」と思える仕事が生まれるパターンも、十分に考えられるのです。

さらにいえば、たくさんの仕事を知っていればいるほどベターです。

既存の仕事を4個知っていると15通りの仕事になりますが、10個知っているだけで組み合わせは1023通り、それだけで組み合わせの選択肢が確実に増えていきます。

選択肢となる候補が多いほど、そのなかにやりたいことが含まれている可能性は高くなる、というわけです。

思考面

原因

7

「赤い情熱がすべて」という思い込み

「青い炎」を見落としていませんか？

「やりたいこと」というと、「燃え上がるような赤い情熱に突き動かされているイメージ」を持つ人が多いようです。

しかし現実を見渡してみると、そんな人ばかりではありません。

たとえば、黙々と作品をつくりあげる陶芸家に、声を荒らげて熱っぽく語るイメージはないでしょう。「オレはすごい」という自慢話もしません。

しかし腕前は世界レベルで、淡々と活動している。

そんな人を、容易に想像できます。

私の講演でも、リアルタイムで反応してくれる人もいれば、どんな気持ちで聞いているのか、表情からは読み取れない人もいます。
時折、「私の話が面白くなかったのかな」とやや気になる人がいるのですが、講演中に静かだった人のほうが、講演が終わってから「すごく面白かったです」と直接伝えてくださったりするのです。

情熱には、「赤く激しく燃えるタイプ」と「青く静かに燃えるタイプ」の2つがあります。

「赤く激しく燃える情熱が、すべてだ」と思い込んでいると、青く静かに燃える情熱の存在を見落としてしまうかもしれません。

◢「外面的知能」と「内面的知能」

心理学的にいうと、2つの情熱の違いは、「外面的知能」と「内面的知能」の違いにあることがあります。

外面的知能とは、自分の外側を追究する意識のこと。人との関わりのなかで、何かを生み出していくことに熱い情熱を感じさせます。[*18]

一方、内面的知能とは、自分の内側を追究する意識のこと。自分と向き合って探求していくことにワクワクを感じるタイプです。

これらは、どちらに優劣があるわけでもありません。

また、誰でも外面的知能と内面的知能を持ち合わせているものなので、どちらの比率が高いか低いか、の違いでしかありません。

ただし、内面的知能が高い人が、外面的知能が高い人（熱い情熱の人）を意識して外交的に振る舞おうとしても、ストレスを感じるでしょう。

その逆もまた然《しか》りです。

あなたが、内面的知能が高く、静かに情熱を燃やすタイプなら、熱い情熱に突き動かされる何かを探しても、なかなか見つからないかもしれません。

そんなときは、目を向けるべき方向を変えてみてください。

原因

8

行動・心理面

人の意見に影響されやすい

「聞き分けがいい子ども」ほど、成功しづらい？

「聞き分けがいい子ども」は、大人ウケがよく、可愛がられます。

その反面、社会的に成功しにくくなることが研究でもわかっています。[*19]

まず、「聞き分けがいい子ども」が大人になると、意思が曖昧で判断力が低い傾向があることが報告されています。[*20]

さらに、協調性が強すぎる子どもは、そうでない子どもと比べて、大人になってから約7000ドル（日本円で約100万円）**も収入に差が出るというのですから驚きです。**[*21]

逆に、よく知られている通り、成功する経営者には、いい意味で「わがまま」

が多いものです。

たとえ、周囲から「無謀だ、やめておけ」と思われるような夢でも、自分を信じて突き進むことができます。

人の意見に左右されやすい人は、やりたいことが見つかりにくい傾向があります。人の感情ばかり気にして、自分の感情にフォーカスできないからです。

自分のなかに占める他人の割合が多い、ともいえるでしょう。

人間の意識には、「私的自己意識」[*22]と「公的自己意識」[*23]がある、という研究があります。

私的自己意識とは、他人には観察することができない〝自分の内面〟に注意を向ける意識のことです。

私的自己意識が強い人は、自分の気持ちに対する感覚が鋭く、人の意見に対しても「違います」「イヤです」とキッパリ言える傾向があります。

そのため、〝自分がどうありたいか〟という「個人的アイデンティティ」を重視します。

一方、公的自己意識とは、容姿や行動などといった、他人が観察可能な自分に注意を向ける意識のことです。

公的自己意識が強い人は、他人から見られる自分を意識して、意思表示を抑えがちで、同調行動を多く示す傾向があります。

そのため、〝他人にどう思われるか〟という「社会的アイデンティティ」を重視します。

残念ながら、公的自己意識が強すぎると、他人の意見に流されやすくなります。本心では「いいえ」でも、「はい」と言ったほうが相手は喜ぶなどと、相手の気持ちを優先してしまうからです。

理想の「自分と他人のバランス」とは？

では、私的自己意識が強ければいいのか、というと、必ずしもそんなことはありません。

「人の意見に左右されない」傾向が、「自分のことしか考えない身勝手さ」につながると、単なる「自己中心的」として批判の的になるでしょう。

何事もバランスが大切です。

とはいえ、その「自分と他人」とのバランスは容易ではありません。

言い換えるなら、人の意見を聞き入れる柔軟性と、人の意見に左右されない強さのバランスです。


たとえば、何かを判断するときに、誰の意見をどこまで取り入れて、自分のアイデアをどこまで生かすのか。

よほど才能に自信があるなら、人の意見は無視してもうまくいくことがあります。実際に、学術でもスポーツでも、人の話を聞かない天才に人がついてくるのは、格段の才能があるからです。

しかし一般的には、他者の意見を尊重しながら、他者と共に生きる道を探していくことが賢明です。

時には人の意見を素直に受け入れ、時にはあえて無視をする——折衷案《せっちゅう》が必要なこともあるでしょう。

そんな「自分と他人」とのバランスに迷う人は、**自分が理想とする自分と他人のバランスを「自分30、他人70」といったように、スコア化してみる**ことを、おすすめします。

たとえば、「自分60、他人40」のバランスが心地いいという人がいます。

また、別の人は「自分50、他人50」でないと落ち着かないかもしれません。

理想の比率は、人によってまちまちです。

問題が生じるのは、理想と現実にギャップがあるときです。

本当は「自分70、他人30」が理想で、自分の意見が通りやすい環境が好みなのに、「自分30、他人70」の環境を強《し》いられたら、耐え難いストレスを感じるでしょう。

逆に「自分90、他人10」が許される環境でも、「独りよがりになっていないかな？」と心配になるかもしれません。

自分と他人のバランスが理想からズレていたら、少し立ち止まってみることが、自己理解につながっていきます。

原因

行動・心理面

9 コンフォートゾーンに居続ける

快適な環境から「一歩だけ」出てみよう

人にはそれぞれ「コンフォートゾーン（安定領域）」があります。[*24]

安定領域とは、精神的に安定し、ストレスのない快適な状態を維持できる領域のこと。

反対に、ストレスを感じ、居心地が悪く不安になる領域を「ストレッチゾーン」といいます。いわば不安定領域です。

平穏な生活を望むなら、ずっと安定領域にいるほうが安心です。[*25]

実際に、大人になるほど人は安定志向になり、不安定領域に出ていかなくなる傾向があります。

たとえば、転職や異動が面倒になったり、新しいことを学ぶ意欲が減退したり、飲食店でいつものメニューしか注文しなくなったりする。

いずれも、コンフォートゾーンで落ち着いている人の特徴です。

ただ、もし、今のコンフォートゾーンの中に、「やりたいこと」が見つからないのなら、一歩だけ不安定領域に出てみることも大切です。

なぜなら、「やりたいこと」は安定領域の外側にあることが多いからです。

「ストレッチゾーンに出るのは、イヤだなぁ」と思うかもしれません。

ですが、安心してください。

一度足を踏み入れたストレッチゾーンは、コンフォートゾーンに変わります。

たとえば、人から週末のキャンプに誘われて、

「キャンプなんてやったことない、面倒くさい」

などと感じたことはありませんか？

そこで、勇気を出して行ってみると意外に楽しく、「キャンプって楽しい！

道具もぜんぶ揃《そろ》えちゃおうかな」と思ったりする。

これは一度、不安定な領域に踏み出すと、そこが安定領域に変わるという現象で、私はこれを「安定領域の拡大効果」と呼んでいます。

実のところ、コンフォートゾーンにいながら、やりたいことを発見した人の事例はあまり多くありません。

たまたま音楽家の家庭で生まれ育ち、小さい頃から音楽に慣れ親しんでいたら、「自分も音楽をやりたい」という気持ちにすぐ気がつくでしょう。

あるいは将棋のプロが身近にいたら、自然と将棋を指すかもしれません。

ですが、安定領域の外にやりたいことがある場合も多いのです。

安定領域に居続けると、成長しにくいこともわかっています。*26

やりたいこと探しのヒントは、コンフォートゾーンから一歩出たところに転がっています。

原因

10

出合い面

人との出合いが少ない

科学で証明された「運がいい人、悪い人」の違い

後に詳しくデータを紹介しますが、日本と比べてアメリカには「仕事に生きがいを感じる」と答える人が何倍もいます。

このデータは、アメリカには「やりたいこと」をやって生きている人のモデルが、身の回りにたくさんいることを示唆しています。

そうしたモデルとの出合いは、やりたいこと探しにおいて貴重です。

その理由は2つあります。

1つは、有用な情報は人を介してやってくるからです。

運のいい人と悪い人の違いを調べた研究があります。

その1つが「出合いの数」でした。[*27]

新しい出合いの量が、その人の運を左右しているというのです。

実際に「やりたいこと」を実現するためには、たくさんの機会（人を含む）との出合いが重要であることがわかっています。[*28][*29]

なぜ、こんなことが起こるのでしょうか？

それはやはり、人を通じてのみ得られる情報があるからでしょう。

思いがけずにキャリアを切り開くチャンスや、新しいステージに挑戦するプロジェクト――こうした人生の転機は、案外、自分で探して見つけるよりも、誰かが持ってくるものです。

なぜなら、ワクワクする仕事やチャレンジングなプロジェクトメンバーは、まったく知らない人ではなく、顔見知りから探すことが多いからです。

楽しい仕事は「やりたいこと」をしながら生きている人たちが多く持っています。そのため、こうした人たちの輪に入ることは、そのぶん「やりたいこと」と巡り合うチャンスも多い、ということなのです。

オンライン全盛の時代です。

人と直接会わなくても、コミュニケーションが成立してしまいます。

そうしたなか、相対的に「人と会って話すこと」の価値が高まっています。

これは同時に、人との出合いからもたらされる「生の情報」の価値が上がっていることを示唆しています。

「最近いい運が巡ってこないな」と感じる人は、ぜひ新しい出合いを意識してみてください。

「ミラーニューロン」は、やりたいこと探しのカギ

もう1つ大切なことは、「やりたいことを実現している人」と実際に出合うことです。

その理由は、脳の「ミラーニューロン」の働きで、[*30][*31]**「やりたいこと」をしている人を見ると、自分もその人の考え方や行動に影響を受けるからです。**

私たちは、相手の動作を見ると無意識のうちに脳内で相手の動作を真似ています。[*32]ミラーニューロンとは、その際に活動的になる細胞です。

裏を返すと、日本人が仕事に生きがいを感じないのは、「やりたいこと」で生きている人との出合いが少ないからかもしれません。

そうしたモデルと出合えないと、自分が「やりたいこと」で生きる姿を想像することも難しいでしょう。

逆にいえば、「仕事に生きがいを感じていない人」のモデルに事欠かないのが日本ともいえます。

周りにダラダラ働いている人がいたら、「自分はこうなりたくない」とは思いつつも、同時に「人生こんなものかな」と思ってしまうのです。

今、「やりたいことがない」と悩んでいる人は、職場や取引先など、いつもの顔ぶれではなく、違う環境の人と会ってみてください。

どんな分野でも構いません。

「やりたいことをやっている人」と積極的に交流することをおすすめします。

原因

知識面

11 適性や能力を正しく理解していない

体験が「脳を騙す」ことがある

自分の考えが一番正しい。

自分のことは、自分が一番よくわかっている――。

私たちは多かれ少なかれ、こうした感覚を持っています。

この感覚のことを、内観幻想（自分の感覚が正しいと思ってしまう認知バイアス）といいます。[*33][*34]

内観幻想と、やりたいこと探しは、どう関係してくるのでしょうか？

それは、こういうことです。

「自分の強みはこれだ」と信じることは大切ですが、それが過去の経験などからくる「思い込み」である可能性を、検証する必要があります。

でないと、自分の適正や能力からズレた方面で、やりたいこと探しをしてしまうかもしれません。たとえば、

「自分はチャレンジすることに向いていない」

「決まりきったルーティンワークを続けるほうが、安心できる」

と、考えている人がいるとしましょう。


これが、正しい自己認識である可能性はあります。

ただし、同時に内観幻想からくる思い込みである可能性も考えなければなりません。もしかしたら過去に「チャレンジしたけど失敗した」ことがあったのかもしれません。あるいは「失敗したときに、同僚に笑われた。上司に叱られた」ことで、その体験がトラウマ化しているとも考えられます。

本当に、どちらのケースも、

「たまたま、そのときはうまくいかなかった」

という可能性は、ないのでしょうか？

もう一度チャレンジしたら、成功したかもしれないのです。

それに、そもそも「少なくとも一度はチャレンジした実績」があるのですから、普通の人に比べればチャレンジに適性があるといえるかもしれません。

体験が、脳を騙すことがあるということを覚えておきましょう。

誤った体験学習をもとに「自分はこうだ」というイメージをつくり上げると、やりたいこと探しは遠回りなものになってしまいます。

「本当にそうか？」という自分への問いかけ

自分が内観幻想に囚われているのか否かは、どうしたらわかるのでしょう？

助けになるのが「人の意見」です。

前述の「人の意見に左右されすぎると、やりたいことが見つからない」という話と矛盾しているように思えるかもしれません。

左右されすぎるとよくありませんが、人の話をある程度聞くことで、新しい自分を発見できることがあります。

実際に「他人のほうが客観的で、正しく自分という人間を評価できる」という興味深い研究もあります。[*35] 親しい友人は、正確に自分の性格を言い当てる、寿命すら予測できる、というのです。

私も、このことを実感したことがあります。

私は今の仕事をする前は、今より「人間的に未熟な人」でした。

働く理由は、自分の成功のため。

「誰かのために働く」という発想はあまりありませんでした。

ですから、ある高齢の女性に「西さんみたいな、人に寄りそうようなお医者さんに担当してもらいたい」と言われたときは、

「この人は、いったい何を言っているんだろう？」

と本気で思っていました。

今振り返ると、私は内観幻想に囚われていたのだと思います。

自分の意見が正しく、相手は間違っていると感じました。

しかし、今の私は確かに、医者のような仕事をしていることに気づきます。

講演会や個別にお会いする方のうまくいかない原因を分析（診断）して、その人本来の能力を引き出していく、そんな仕事ですから。

その人は私の資質を見抜いていたのだと、今はしみじみと感じます。


内観幻想に囚われているかどうかを確かめるために必要なこと。

もう1つは、「本当にそうか？」と、自分に問いかけてみることです。


たとえば「女性の前では緊張する」という人がいたとします。

どうしても女性の前に出ないといけない状況を怖がっている。

そんなとき、「本当に、すべての女性の前で緊張するのか？」と考えてみましょう。すると、

「お母さんや妹が相手だと緊張しない」

「相手が子どもの場合も緊張しない」

などと例外が思い当たるはず。

「本当にそうか?」という問いから、「女性の前では緊張する」が100%の真実ではないことに気がつくのです。

たとえば「人は絶対に自分を騙す」から「もう人を信じない」と考えるのは、真実か、思い込みか。

「本当にそうか?」と問いかければ、「全員が人を騙すわけではないし、今も信じられる人が何人もいる」と気がつくかもしれません。

あるいは、女性に振られ続けた人が「自分は一生恋愛ができない」と考えるのは真実か、思い込みか。

「本当にそうか?」と言われたら、「一生恋愛できないは、さすがに言い過ぎ」だと、わかるでしょう。

こんなふうに、「本当にそうか?」という自分への問いかけを習慣にしていると、何か悪いことが起きても、

「これはたまたまだ。切り替えて次に向かおう」

と、冷静に受け止められるのです。

原因

脳の性質

12 やりたいことを見つけたい思いが強すぎる

婚活が長期化する人の特徴とは？

やりたいこと探しにおける一番の落とし穴は、これかもしれません。

「やりたいことを見つけたい」という思いが強すぎると、やりたいことは見つかりにくい。

なんと、皮肉なことでしょう！

これは、理想のパートナー探しにも似ています。

結婚相手がなかなか見つからず、婚活が長期化する人の特徴は、なんだかわかりますか？

それは、結婚願望が強すぎる、なおかつ、

「収入は最低800万円、学歴は早慶以上の男性がいい」

「一緒にスポーツを楽しめる女性がいい、子どもは2人ほしい」

などの条件が厳しく、たった1つの理想像に「集中しすぎる」ことです。

その結果、理想と思っていた点以外に目が向かなくなってしまうのです。

もしかしたら、自分が予想もしていなかったところに素晴らしい魅力があって、運命の相手に巡り会えるかもしれないのに……。

これには、脳科学でいう「注目バイアス」が影響しています。[*36]
人間は、特定の対象を気にし始めると、視野狭窄《しやきょうさく》に陥り、それ以外が見えなくなる傾向があります。
目の前に鼻毛が出ている人がいたら、つい鼻毛ばかり見てしまうのも、注目バイアスのせいです。

やりたいこと探しにおいても、注目バイアスが働きます。

たとえば「音楽の仕事がしたい、音楽の仕事しかしたくない」と思うと、音楽の仕事に関連する情報を脳はどんどんキャッチするようになります。

そうすれば、念願の音楽の仕事を手に入れられそうなものです。

しかし、その人のやりたいことは、本当に音楽だけなのでしょうか？

私は本章の冒頭で、次のように説明しました。

人にはみんな、やりたいことを通して、味わいたいポジティブな感情がある。この感情を満たすすべてのものが、あなたが「本当にやりたいこと」の対象になり得る、と。

「音楽の仕事がしたい人」には、その仕事を通じて満たしたい感情があるはずです。**しかし、その感情を満たす手段は、音楽だけではありません。**

むしろ、自分の感情を満たせるのであれば、どんなことでも「やりたいこと」になり得ます。

たとえば、「目に見えないものを通して、人の気持ちを表現したい」から音楽の仕事に就きたい。

そうした場合、音楽に限らず、講演の仕事や演技の仕事でも、あなたが得たい感情を満たせる場合があります。

それなのに、音楽の仕事にばかりこだわると、注目バイアスが働きすぎ、やりたいこと探しの幅を狭めてしまうのです。

やりたいこと探しは「人生の寄り道」から

見つけたいという思いが強すぎると、やりたいことは見つからない。

では、どうすればいいのでしょう?

「ウィンドウ・ショッピング」がヒントになります。

買い物というのは面白いものです。

「こんなものがほしい!」などとはっきりしたイメージを持って買い物に行くと、なかなかいいものが見つかりません。

たとえば、「赤いカバンがほしい」と思うと、注目バイアスの働きで赤いカバンに関する情報がどんどん飛び込んできます。

その一方で、赤いカバン以外のものが見えなくなります。

そのせいで、赤いカバンの隣にある素敵な青いカバンが目に入りません。

反対に、ウィンドウ・ショッピングは、商品を眺めて回るだけで実際には買い物をするつもりがないことをいいます。

つまり、目的もなくブラブラするわけですが、そのおかげで注目バイアスが働かず、視野が広がっている状態です。

赤いカバンも青いカバンも、なんでも目に入ってくる。

そのうちに、「これ、すごくいいな」と思えるカバンを発見できる可能性が高くなるのです。

私はこれを、「ウィンドウ・ショッピング効果」と呼んでいます。

多くの人は、お目当て（目標）に向かって最短距離でお店に向かいます。

ところが、やりたいことが見つかる人は意外にも「寄り道」が多いのです。

いわゆる「自分探しの旅」も同じですね。

インドに行こうが世界一周をしようが、探そうと気負うと見つかりません。

むしろ、なんの計画もなく、観光のつもりで行った先で、ふと「自分にはこんな適性があったんだな」と発見することが、非常に多いのです。

オックスフォード大学が発表した「プランドハップンスタンス理論」は、この現象を裏づけるものです。[*37]

仕事に幸せを感じている人を調べてみると、あらかじめ思い描いたキャリアプランとは無関係に、ほとんど「偶然」にその仕事と出合っていることがわかったのです。

幸せになるために、能力よりも重要なこと

1つの傾向として、覚えておいてください。

意識（理屈）的に探そうとすると視野が狭くなり、感覚で探そうとすると視野が広くなります。

たとえば、素晴らしい景色を前にしたときのことを想像してください。

視点は一点に集中せず、全体をぼんやりと見ているはず。

人は、感覚的になると視野が広がり、多くの情報をキャッチできるのです。

逆に、理屈っぽい人は視野が狭くなります。

頭が良く、ロジカルな人は意識しないと感覚的になれないのです。


でも、安心してください。

普段は理屈っぽい人も、好きなことをしている時間は、自然と感覚的になれるからです。

ただし、ここでも「自分の感情にフォーカスする」考え方が重要になります。

それをしないと、どんなに多くの情報をキャッチできても、何が自分のやりたいことにつながるのかわからず、スルーしてしまうでしょう。


逆にいえば、自分の感情さえ理解しておけば、どんなことをしていても、やりたいこと探しに利用できます。

たとえば、サッカーが好きな人は、なぜサッカーが好きなのでしょう？

あるいは、なぜ野球が嫌いなのでしょう？

私のクライアントに「打順を待つのが面倒くさい」から野球はいやだ、という人がいます。

その人は、もっと展開が速いスポーツが好きでワクワクする。だからバスケやサッカーが好きなのだといいます。

さらに、過去を振り返ってみると、その人は「スポーツに限らず、なんでも展開が速いものが好きだ」と自己理解が進んでいきました。

遊園地ではジェットコースターが大好き。映画も情緒《じょうちょ》的なものだと眠くなってしまうそうです。

仕事も、成果が出るのが遅いのはイヤだったとか。

これとは少し違いますが、私にも似た部分がありました。


これは私が若い頃、学術機関での研究職を辞めた理由の1つでもあります。

数年かけて1つのテーマを研究しても、それが社会に還元されるのに10年以上かかることも、ざらです。

最初は気になりませんでしたが、長年研究するほど、自分は「人の笑顔を見ることが好きなのに、随分と長く待たされるな」と感じていました。

もちろん、じっくり時間をかけてやる研究も意義があるため、どちらがよい悪いではありません。

ただ、その人がそれを好きかどうかは、その人の役割にも関係してきます。


大切なので、何度も言います。

フォーカスするのは、仕事ではなく、自分の感情なのです。

自分の感情を自覚しながら日常生活を送ると、少しずつ、しかし着実に、やりたいことに近づいていきます。


本章の最後に、私の知り合いの例を紹介しましょう。

ある幼稚園の有名な男性の先生で、もともと海外で銀行員をしていました。

その方は、手品は披露《ひろう》するし、ダンスもうまく、子どもたちに大人気です。

今では、幼稚園の先生が彼の天職としか思えません。

しかし、銀行マン時代の彼は、多くの収入を得ていた反面、心身はボロボロ。

彼の感情は、銀行の仕事では満たされていませんでした。

そんなある日、「人手が足りないから」と幼稚園にスカウトされたのです。

普通に考えれば、「自分にはとても……」と辞退しそうなところです。

でも彼は、自分が「人の笑顔を見るのが大好き」で、「人の成長に貢献するのが好き」なことを知っていました。

幼稚園の仕事が、自分の感情を満たしてくれると直感しました。

彼が幼稚園の先生になったのは「たまたま」です。

しかし、彼は自分を満たす感情を知っていました。

そうでなければ、その「たまたまのチャンス」に気づくことも、つかむことも、できなかったことでしょう。

社会で成功するのも、幸せな生活を送ることができるのも、能力が高いからではありません。

自分の才能・特性・価値観をよく理解している。

こうした人が、自分の軸を見つけ、「やりたいこと」を通じて、成功や幸せをつかんでいくのです。

やりたいことを見つける「前」のチェックリスト

- □ やりたいこと探しの前に「自分の感情」に目を向けませんか？
- □ 「できそう！」という気持ちに蓋をしていませんか？
- □ 「好きなこと」ではなく得意を優先していませんか？
- □ 小さな「違和感」を、大切にしていますか？
- □ 「世間の評価」を基準に生きていませんか？
- □ 既存の仕事だけから「やりたいこと」を探していませんか？
- □ 静かに情熱を燃やしてきたことは、なんですか？
- □ 人の意見を聞きすぎていませんか？
- □ 「コンフォートゾーン」から出ることを避けていませんか？
- □ いつも同じ人とだけ会っていませんか？
- □ あなたが苦手と思っていることは、本当にそうでしょうか？
- □ 寄り道を大事にしていますか？

第2章

ライフワークは、あなたを幸せにする

「ライスワーク」のために働く日本人

興味深い調査があります。

人材コンサルティングを手がける米ギャラップ社が、世界各国の企業を対象に従業員のエンゲージメント（仕事への熱意度）を調べました。

その結果、日本は「熱意あふれる社員」の割合が6％しかないことがわかったのです。米国の32％と比べて大幅に低い数字であり、調査した139カ国中132位と、最下位クラスです。さらに「周囲に不満をまき散らしている無気力な社員」24％、「やる気のない社員」は72％に達していました。[*1]

つまり、日本人は仕事への熱意が低く、周囲に不満をまき散らし、やる気が見られない。

散々ないわれようですが、端的にいえば、「日本人は生き生きと働いていない」ということになるでしょう。

図2-1 働く目的は何か

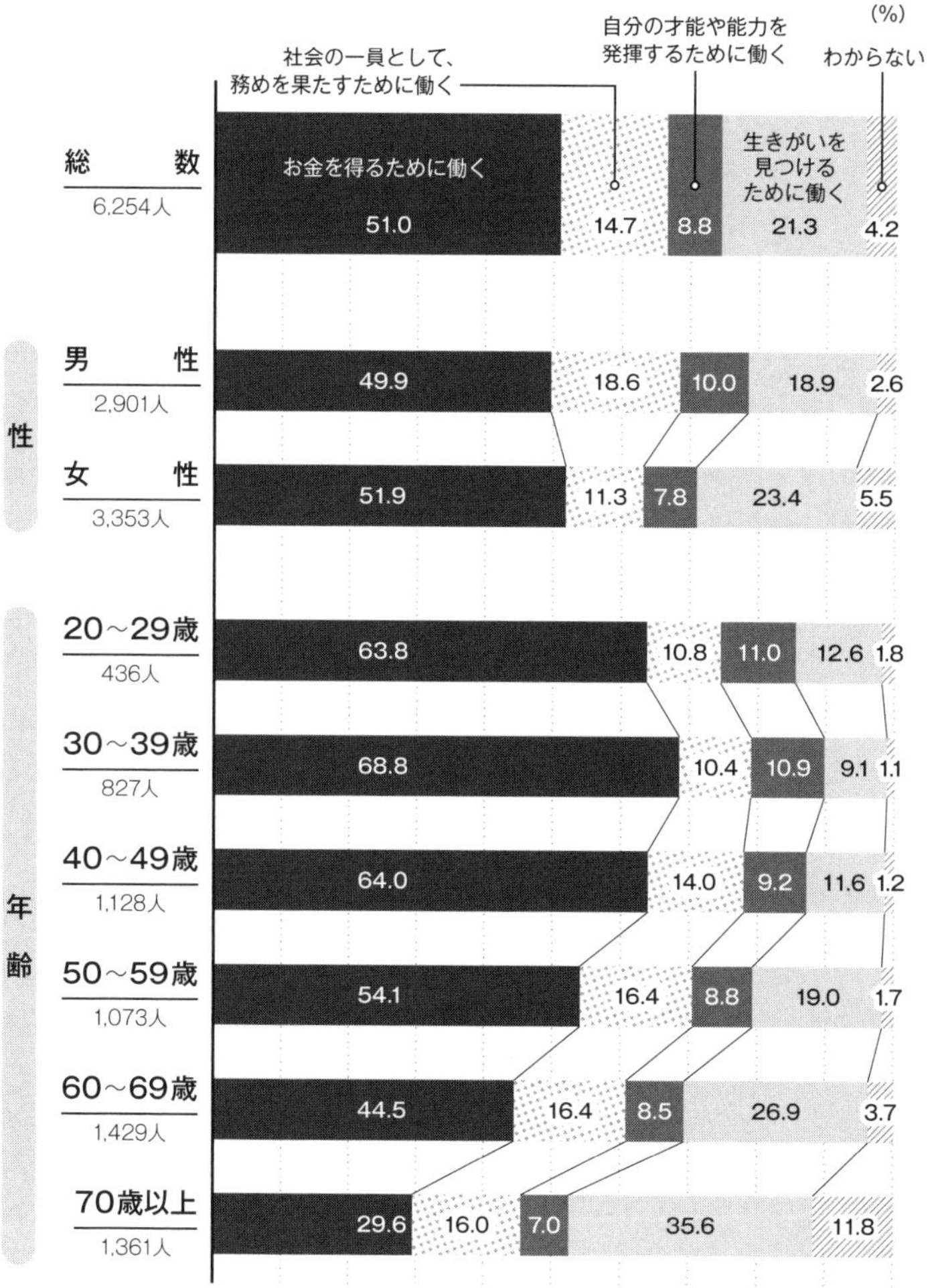

出典：内閣府「国民生活に関する世論調査」（平成26年度）

日本でも、内閣府が日本人の「働く目的」を調査しています。[*2]
その結果がまた、衝撃的でした（図2-1）。
「お金を得るために働く」と回答した人は51・0％。
「社会の一員として、務めを果たすために働く」との回答が14・7％。
「自分の才能や能力を発揮するために働く」が8・8％。
「生きがいを見つけるために働く」は21・3％でした。

半分以上の日本人が「お金のために働いている」事実が示されています。

また、それは若い人ほど顕著でした。

「お金のために働いている」日本人は、「生き生きと働いていない」。

日本人にとっての仕事と、アメリカ人にとっての仕事。

ここには、いったいどんな差があるのでしょう？

注目したいのは、60歳以上の高齢者でも「アメリカ人の約半分は、仕事に打ち込んでいるときに、生きがいを感じる」というデータです（図2-2）。

一方、日本人は22％と低い数値でした。若い人でも職場の満足度はアメリカより約40％も低くなるそうです。[*3]

図2-2 生きがいを感じるとき

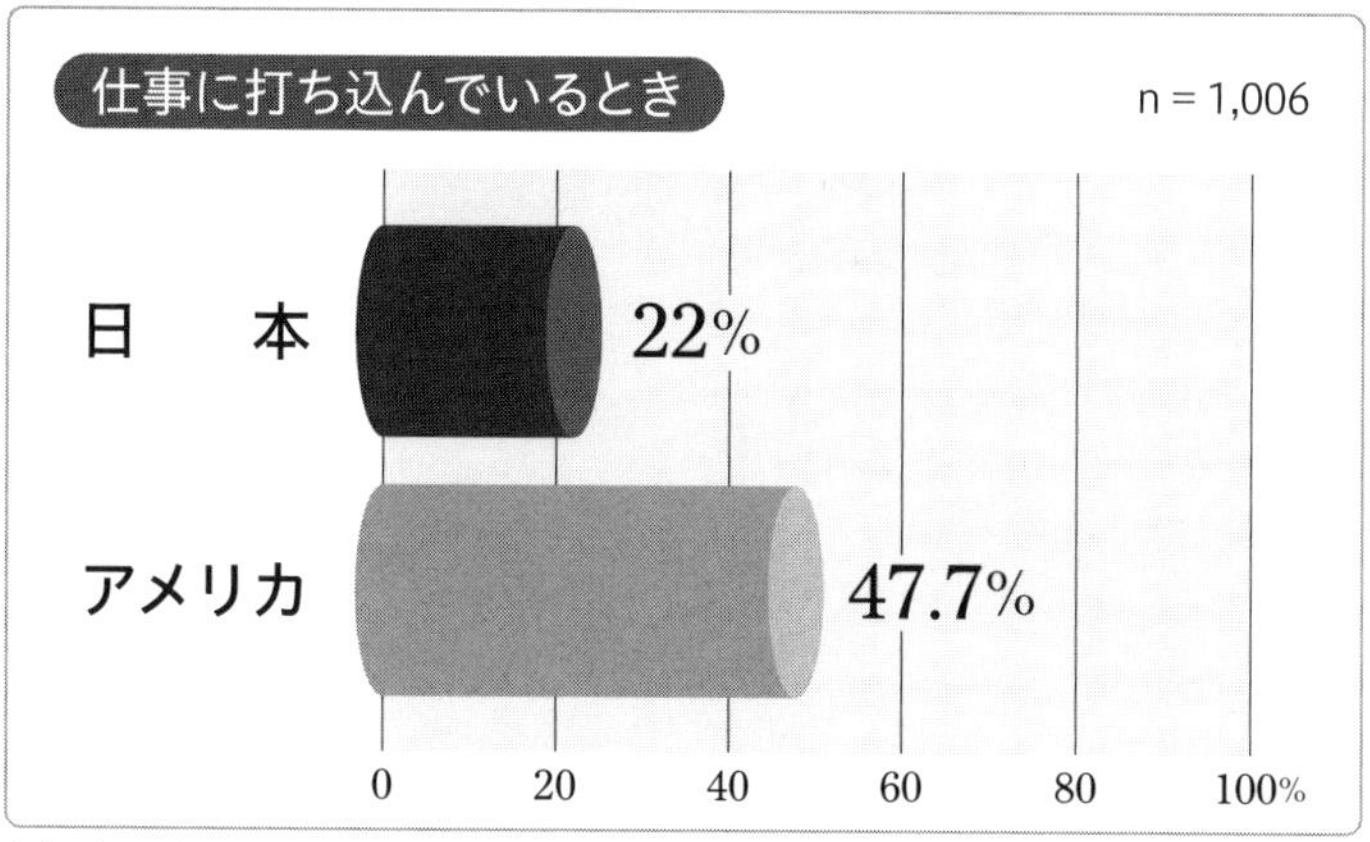

出典：令和３年内閣府「第９回高齢者の生活と意識に関する調査」

仕事における「３つのカテゴリー」

「３人の石工《いしく》」という話をご存じでしょうか。

ある人が、作業中の石工に「あなたは何をしているんですか？」と尋ねました。すると、３人の石工は次のように答えたそうです。

１人目の石工は、「親方の命令でレンガを積んでいるんだ」。

２人目の石工は、「レンガを積んで塀を造っているんだ」。

３人目の石工は、「人々がお祈りをするための大聖堂をつくっているんだ」。

この話は、一口に「仕事」といっても、いくつかの意味合いがある、ということを示唆しています。

実際、イェール大学の研究でも仕事には3つのカテゴリーがあると提唱されています。[*4]

図2-3にあるように、ジョブ、キャリア、コーリングです。

いずれでもないものを、ここでは「趣味」としました。

「ジョブ」は、物質的な利益を得る手段としての仕事です。

仕事の目的を達成するという意識は薄く、「お金のために働く」がこれにあたります。

日本人の仕事は大半がジョブだといえるでしょう。

「キャリア」は、目的を達成したり、職業人として成長したり、名声を得たりと、「自分の成長や業績のために」行なっている仕事になります。

やっていることそのものが大好きであれば「コーリング」になりますが、業績

図2-3 私たちの活動のカテゴリー

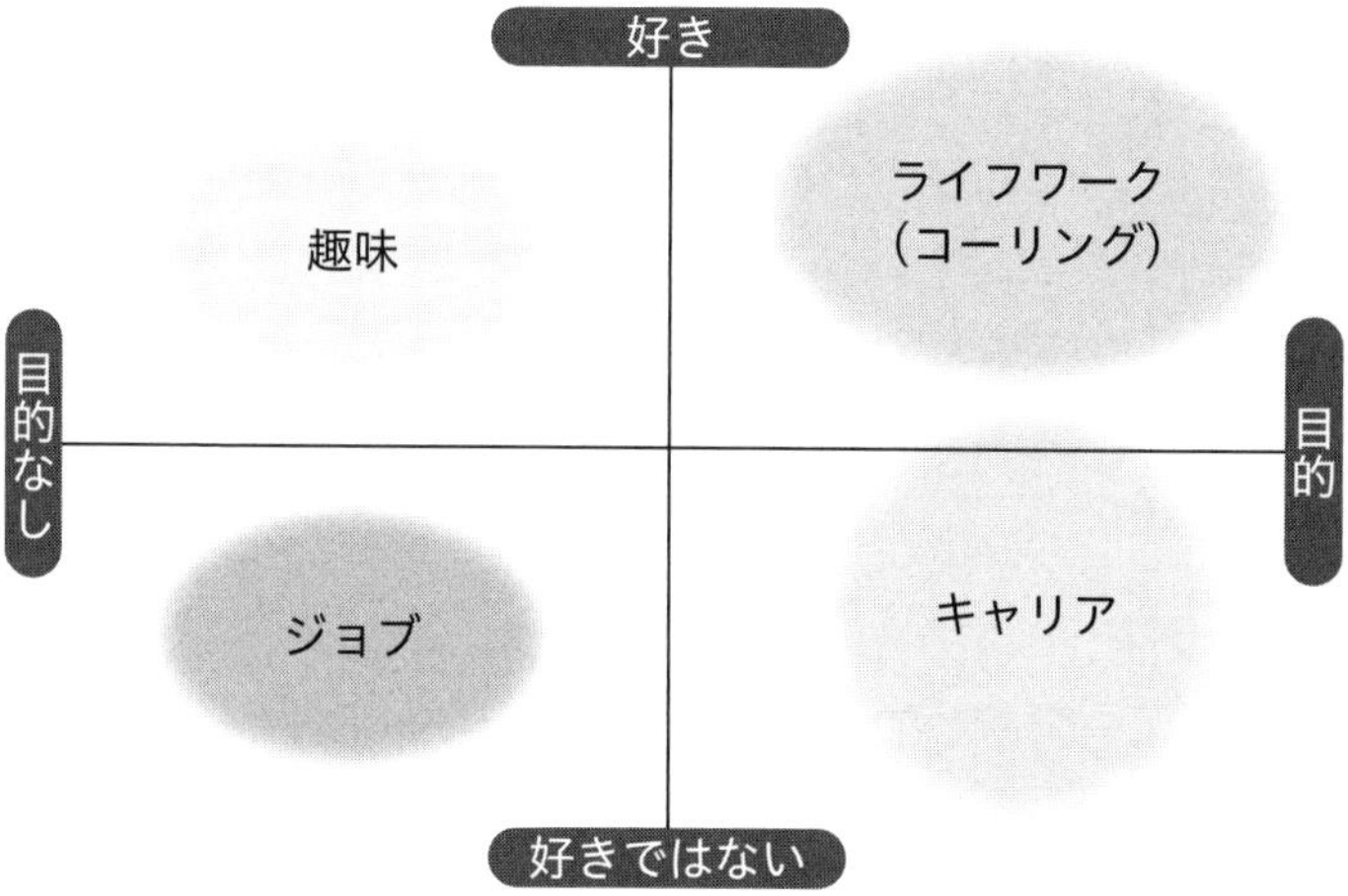

を上げることだけが目的になっている場合は、好きなレベルは相対的に低いため「キャリア」に分類されます。

つまり、キャリアに「好き」が加わると、「コーリング」になります。「コーリング」は天から呼ばれる仕事（役割）という意味で、日本では「ライフワーク」「本当にやりたいこと」「天職」とも呼ばれます。

目的とやりがいがあって、かつ、気持ちが満たされる仕事。

生涯を通して「生きる原動力」になり、働いていて、「感謝」「喜び」「ワクワク」「幸せ」を感じられる活動です。

また、コーリングには大きな感覚から小さな感覚を含むものまで、さまざまな定義があります。

たとえば、コロラド州立大学のBryan J. Dik教授はコーリングについて、「自分を超えた感覚に導かれていて、その仕事に対し、目的や意味を感じられるもの」という壮大な表現をしています。[*5]

また、現代的なコーリング感を研究するボストン大学では、

「目的を感じて、それをやっていて意味があると思えるもの。それはどんな些細《ささい》な仕事でもコーリングになり得る」

と定義しています。[*6]

「3人の石工」のエピソードに戻るなら、1人目の石工はジョブ型、2人目はキャリア型、3人目はコーリング型の仕事をしている、といえそうです。

本書の「やりたいこと」とは、コーリングやライフワークを意味します。

日本では、コーリングという呼び方は馴染《なじ》みがないため、ここからは「やりたいこと」「ライフワーク」と呼びたいと思います。

ライフワークの「5つのメリット」

単にお金を稼ぐための手段でもなく、まして苦痛でもなく、それどころか幸せになるためには欠かせない活動。

それがやりたいこと、ライフワークです。

当然のことながら、多くの人はライフワークになるような仕事に出合いたいと願うことでしょう。

「はじめに」でもお話ししたように、コーリング（ライフワーク）に関する研究が進んでおり、この10年間で200以上の研究論文が発表されています。

そのなかには、そのメリットを報告するものも多数あります。代表的なものを紹介しましょう。

1 幸福度が高まり、自分を好きになれる

ライフワークを実現している人は幸福度が高く、仕事にも熱心だということが

わかっています。[*7]

また、自己肯定感が高く、よく働き、他者や集団を自主的に助けようとする。情動がプラス傾向で仕事を楽しむ、などの傾向もあります。[*8]

もし、「やりたいこと」が明確にわかっていて、目標に向かってどんどん進んでいる自分を想像できたら、どんな気持ちでしょうか？

自然と、気持ちが高まっていることに気づくかもしれません。

私たちは、小さくてもやりたいことがあると、前頭前野が活性化します。

もしかしたら、読者のなかには、自己肯定感の低い人もいるかもしれませんが、**案外、自分を好きになるためには、「自分が何をやりたいのか」を理解することに糸口があるのではないかと思います。**

私自身、クライアントがやりたいことを見つけ、雰囲気が変わって「まるで別人！」と驚くことがよくあります。

2 収入が上がる

幸福度が高まると、脳のパフォーマンスが上がります。

ウォーリック大学の研究によると、幸福度が仕事の生産性に10〜12％向上させるという研究があります。

また、別の研究では、幸福度が仕事の生産性を31％、創造性を３００％向上させると報告しています。

人は幸福を感じると、脳内ホルモンである「セロトニン」が分泌されます。すると不安を感じにくくなり、集中力が高まるなど、安定的に能力を発揮しやすくなる効果が期待できるのです。[*9]

そのため、やりたいことをしている人は、そうでない人に比べて収入が高く、より高い地位や名誉を得ることや、欠勤日数が少ないことが研究からわかっています。[*10]

3 困難を乗り越える力が高まる

ライフワークは、新しいことにチャレンジする能力と相関しています。[*11]

言い換えると、困難を乗り越える能力まで高まるのです。

ライフワークとは、人生を貫く「軸」のようなものです。

こうすれば自分は幸せでいられる、自分はこれが好きだ（嫌いだ）など、何かを意思決定する際の基準となるため、ブレない自分を手に入れることができます。

また、たとえ困難に見舞われたとしても、それがライフワークであるならば簡単には諦めないでしょう。

必要ならば、困難も喜んで受け入れるようになります。

④ 脳と体の老化を遠ざける

脳の老化は、ストレスに強く影響を受けます。

ずばり、ストレスまみれの暮らしをしている人は早く老《ふ》けるのです。

その点、ライフワークが充実している人には「若々しい」という共通点があります。

脳がいい状態だと代謝も上がり、肌ツヤもよいのです。

楽しそうに仕事をしている人が、若々しいのはそのためです。

「好きなことなら、いくらやっても疲れない」のも、多くの人が体験しているのではないでしょうか。

それが仕事であれ趣味であれ、ライフワークが充実していると、肉体的な疲れや痛みさえ感じにくくなるというリサーチもあります。[*12]

ただし、やりすぎは禁物ですので、どんなに好きなことをしていても、十分な休息をとることは大切です。

5 人間的魅力が高まり、成功しやすくなる

やりたいことに向かって精力的にチャレンジする姿は、人間的な魅力の1つです。そのため、ライフワークが充実している人は、多くの人に慕われ、理想のパートナーも見つかりやすくなります。

端的にいって、モテるのです。私生活だけではありません。

仕事上でも、ビジョンを持って努力している人の周囲には、それを応援する人たちが集まってきます。

実際にハーバード大学の研究でも、幸せな人の周りには幸せな人が集まり、不幸な人の周りには不幸な人の割合が多くなることがわかっています。*13

仕事において自分の力だけで大きなことを成し遂げる人はまずいません。

成功するのは、多くの人に支えてもらえる人。

そして、人を惹きつけるビジョンを持っている人です。

私は、成功する人たちが経験しているという「フロー状態（目の前の物事に没頭し、

流れるようにうまくいく状態）」について研究しています。

ライフワークが充実した人は、フロー状態に入る条件を満たしています。

◢ライフワークへの「4つの誤解」

あなたが想像するライフワークとは、どのようなものでしょうか？


「自分に向いていて、お金を稼げる仕事」

「心から好きだといえる仕事」

「損得だけではない、一生続けたいと思える仕事」


ライフワークのあり方も1つではありませんが、総合すると、

「好き×得意なことで、人や社会に貢献できる仕事」

というのが、一般的なイメージといえそうです。


しかしながら、データを見る限り、アメリカ人と比べてライフワークを生きて

いる人が少ないのが、日本人です。

そのため、科学的に定義されているライフワークと、多くの日本人が考えるライフワークの認識の間には、いくつかの隔《へだ》たりがあるといえるでしょう。

実際にライフワークが充実している人の例を挙げながら、ライフワークにまつわる誤解について、解説していきたいと思います。

誤解1 「自分のため」だけに働く

「好きなこと」「やりたいこと」を仕事にする場合、どうしても利己的な視点になりがちです。

しかし、ライフワークは「自分のため」のみならず、「人のため」「社会のため」の仕事でもあります。

なぜなら、仕事の本質とは、「人の問題を解決すること」だからです。

人に求められなければ、仕事として成立しません。

「人のために働く」というと、自分を犠牲にしたり、幸福から遠のくイメージがある人がいます。

しかし、実際はその逆です。

幸福度は「自分のため」に何かをするよりも「他人のため」に何かをするほうが高いことが、研究からも明らかになっているからです。

2007年、ブリティッシュ・コロンビア大学は、世界の一流誌で「収入を自分のためではなく、人のために使うほうが幸福感は高くなる」と発表しました。*14

これは、お金も仕事も同じです。

また、人のために行動するとき、私たちの脳は尾状核《びじょうかく》と側坐核《そくざかく》（脳の報酬系）がより大きく活性化することが確認されています。*15

なお、ここでも「ミラーニューロン」の働きがカギを握ります。

私たちは、ミラーニューロンを通して、相手の動作を見ると無意識のうちに脳内で相手の動作を真似ているのでしたね。

ミラーニューロンの働きには、人がなぜ利他的な行動をとるといいのか、という問いに対する答えが隠されています。

「自分のため」の行動で幸せになる総量（幸せの器）を100だとします。

いくらがんばっても、それが「自分のため」である限り幸せの総量は、100以上には増えません。

しかし、目の前にいる誰かを100幸せにできたら、ミラーニューロンの働きで、自分のなかにもさらに100の幸せが追加されて200になります。

さらに、その相手が10人、100人と増えていったらどうなるでしょう？

幸せにする相手が増えるほど、自分が感じる幸福も増えていきます。

しかも、幸福度が上がると、前述の通り、生産性や創造性が向上して、仕事もうまくいくのです。

私自身も以前、同じような体験をしました。

以前の私は「自分のため」だけを考えて仕事をしていた、残念な利己的な人間でした。

「自分のため」という意識が強すぎるのは、第1章でも触れた視野狭窄の原因となります。

大学や研究の仕事も、面白かった反面、「ここには何かが欠けている」という感覚がずっとありました。

私は、大学を出た後は国家公務員として仕事をしていました。

これも、楽しかったのは間違いないのですが、「何かが欠けている」感覚は変わらずあったことを覚えています。

振り返ってみれば、それも当然だったかもしれません。

当時の私の頭のなかは、自分自身の地位や名誉、社会的な成功のことでいっぱいだったのですから。

しかし、大病をし、妻に救われた経験が私を変えてくれました。

3年半の闘病生活の後、私は生き方を変えて「脳の研究を通じて人を幸せにする仕事」を始めました。

講演会でも、企業や教育現場のサポートでも、人の喜ぶ笑顔を見るたびに幸せな気持ちになれました。

その結果、今では以前とは段違いに幸福度が高いのです。

私の場合、闘病生活を経て、「自分のため」から「他人のため」に、意識が切り替わり、視野狭窄から卒業することができました。

みなさんは、そんな思いをしなくても済むよう、本書を役立てていただきたいと思います。

もちろん、多くの人のように「家族のため」に働くのも、幸福度を高める作用があります。

ただ、家族だけでなく、より広く「他者」のために働くことができれば、幸せの総量はさらに増える、ということです。

たとえば、友人や取引先、貧しい国の人々、未来の子どもたち――、「〇〇のため」などいろいろな人を幸せにできる仕事ほど、幸福度は高まるのです。

誤解2 趣味は、ライフワークにならない

「趣味を追求できたらいいけれど、あくまで娯楽。仕事にはできない」

そう思っている人も多いようです。

実際に世の中の本やネット情報でも、好きなことは仕事にしないほうがよいということを主張するものも多々目にします。

実際に、誰がやっても面白いパズルゲームに報酬与えると、パズルを解く意欲が下がってしまう研究報告もあることから、お金を得るためだけに好きなことをやろうとするとよくない側面もあります。

しかし、好きなことをお金に変えようとするのではなく、純粋に好きなことで人に貢献しようとする行為は、やる気を失わず、むしろ成功しやすいことが私の研究でもわかっています。

たとえば、私の講演に以前ご参加いただいたLCA国際学園の山口紀生《のりお》理事長は、以前、小学校の先生を務めていましたが、義務教育のシステムが自分に合わず、学校をやめてフリーターだった時期があったそうです。

公園でボーッと過ごすときもあったそうですが、そんなとき、子どもたちに遊びを教えることが趣味でした。

一緒に石蹴りをして遊んだり、サイクリングをしたり、釣りを楽しんだり、そうしているうちに子どもたちが集まり、さらにその子どもたちの成績が伸びるので、寺子屋を開いてほしいという要望が保護者からあったそうです。

そして、遊びを教える寺子屋をつくると、幼稚園をつくってほしい、その次は小学校もつくってほしい……、それらの要望に応えていくうちに、たった5〜7年で多くの人の支援もあって、総敷地面積7000平米を超える大きな学園ができてしまいました。

最初は、趣味から始まっていますが、その趣味が社会のニーズと合致した瞬間、仕事に変わったという共通点があります。

すべての趣味を仕事に、とまでは言い切れませんが、少なくとも「趣味が仕事になることは十分あり得る」というのはある意味、真実なのです。

誤解3 ライフワークは1つだけ

第1章で、有名人を夢見る子どもの例を紹介しました。

「職業」に目が向かうあまり、その職業を通じて味わいたい感情を見落とす可能性がある。

すると、仮に有名人になれたとしても、「このままでいいのだろうか……」とモヤモヤしてしまう、というお話でした。


この話には、続きがあります。

その子どもがスポーツ選手やアイドルなどの有名人になり、無事現役をまっとうできました。

さて、その人が引退するときのことを想像してください。

セカンドキャリアで、どのような選択をするでしょうか？

とにかく同じスポーツや芸能などの業界に関わりたいと考えれば、選択肢がかなり限られてしまい、狭き門となりそうです。


私が言いたいのは、自分の感情を理解していれば、業界に固執せず次のやりたいことの選択肢の幅を広げられる、ということです。たとえば、

「人を元気にすることが好きだった」

「仲間と一丸となって目標を達成することに、ワクワクする」

いずれも、業界以外の分野でも満たせる可能性があるはずです。

私がこんな話をするのは、

「ライフワークは、一生に1つだけ」

「〝これ〟と決めたら、ブレることなく追究するもの」

と思い込んでいる人が多いからです。

よくいえば真面目、悪くいえばストイックすぎかもしれません。

しかしそれは、本来のライフワークのあり方とは正反対です。

自分の感情を満たすものすべてが、やりたいことになり得るのですから、

「ライフワークは、いつでも、いくつでもありうる」

「ライフワークは、人生のステージによって変わってもいい」

と考えてみてはいかがでしょうか？

人は成長するものです。あなたの10年後は、今のあなたとは違うステージを目指しているかもしれません。

時代の変化もあります。コロナ禍《か》でリモートワークを利用した新しい仕事が生まれたように、仕事の中身も働き方も、時代と共に変化していきます。

あなたも、あなたの周りの環境も変わり続けているのです。

ならば、あなたの「やりたいこと」も変わり続けていいはずです。

そこで、「ライフワークは1つだけ」と決めつけていたら、またしても注目バイアスが起動し、その他の無数のライフワーク候補と出合える可能性を狭めてしまうかもしれません。

何より、やりたいことは1つではないと知っていたほうが、ライフワーク探しが楽しくなります。

何事も1つに制限されると、脳は窮屈《きゅうくつ》さを感じる性質があります。

私たちはいつも、自由の拡大を求めているのです。

そう考えると、ライフワーク探しも気楽にできるようになります。

誤解4 「仕事」でなくてはならない

ここまで柔軟に考えられるのならば、ライフワークは何も仕事である必要もないのではないでしょうか？

「ライフワークは、仕事でないといけない」

これも、よくある誤解です。

ライフワークには、「ワーク（仕事や職）」という言葉がついているので誤解されがちですが、仕事だけとは限りません。

本来、**自分の感情を満たす手段は、仕事でも趣味でも、ボランティアでも、夢中で打ち込めるテーマであれば何でも構わないのです。**

ライフワークの定義は、そこまで狭くありません。

またライフワークは、仕事も趣味も生活も含め、ライフスタイル全体で充実させるパターンもあります。

私のクライアントさんに、美容師の方がいます。

彼は、美容師の仕事は気に入っているものの、同時に自然を大切にしており、都会での暮らしに違和感を覚えていました。

その違和感を解消するため、彼はライフスタイル全体を見直しました。

美容師の仕事はそのままに、海の近くに美容室を開業したのです。

これで、オンタイムは従来通り美容師として働きつつ、オフタイムはサーフィンを楽しめるようになりました。

彼が求めている感情を、美容師という仕事だけで満たすのは、難しかったのでしょう。


真面目な人ほど、「ライフワークは、仕事でないといけない」という考えに囚われてしまいます。

ですが、「幸せになる手段が仕事だけ」と考えると、少し息苦しく感じる人もいるのではないでしょうか？

誤解なきよう説明しておきたいのですが、ライフワーク＝仕事であることを否定していているわけではありません。

これは、あくまで脳のタイプの問題です（図2-4）。

ライフワーク＝仕事で幸せを感じるのは「目標達成型」。

「doing」つまり、具体的な夢や目標を達成することに、燃えるタイプです。

「具体的な目標」が見つかると、水を得た魚のようにイキイキとします。

一方で、ライフワーク＝仕事も含めてライフスタイルを充実させることに幸せを感じるのは「プロセス型」。

「being」つまり、「自分がどうありたいか」を重視します。

このタイプは目標をつくると、息苦しさを感じます。

プロセス型の人は、目の前のことを楽しんでいたら、いつの間にかビジネスになって成功するケースも多いのです。

「誤解2」で説明したような、趣味が高じて……というパターンですね。

プロセス型の人にとっては、仕事だけが人生ではありません。

仕事はあくまで、「幸せに生きるための手段の1つ」です。

図2-4 目標達成型とプロセス型

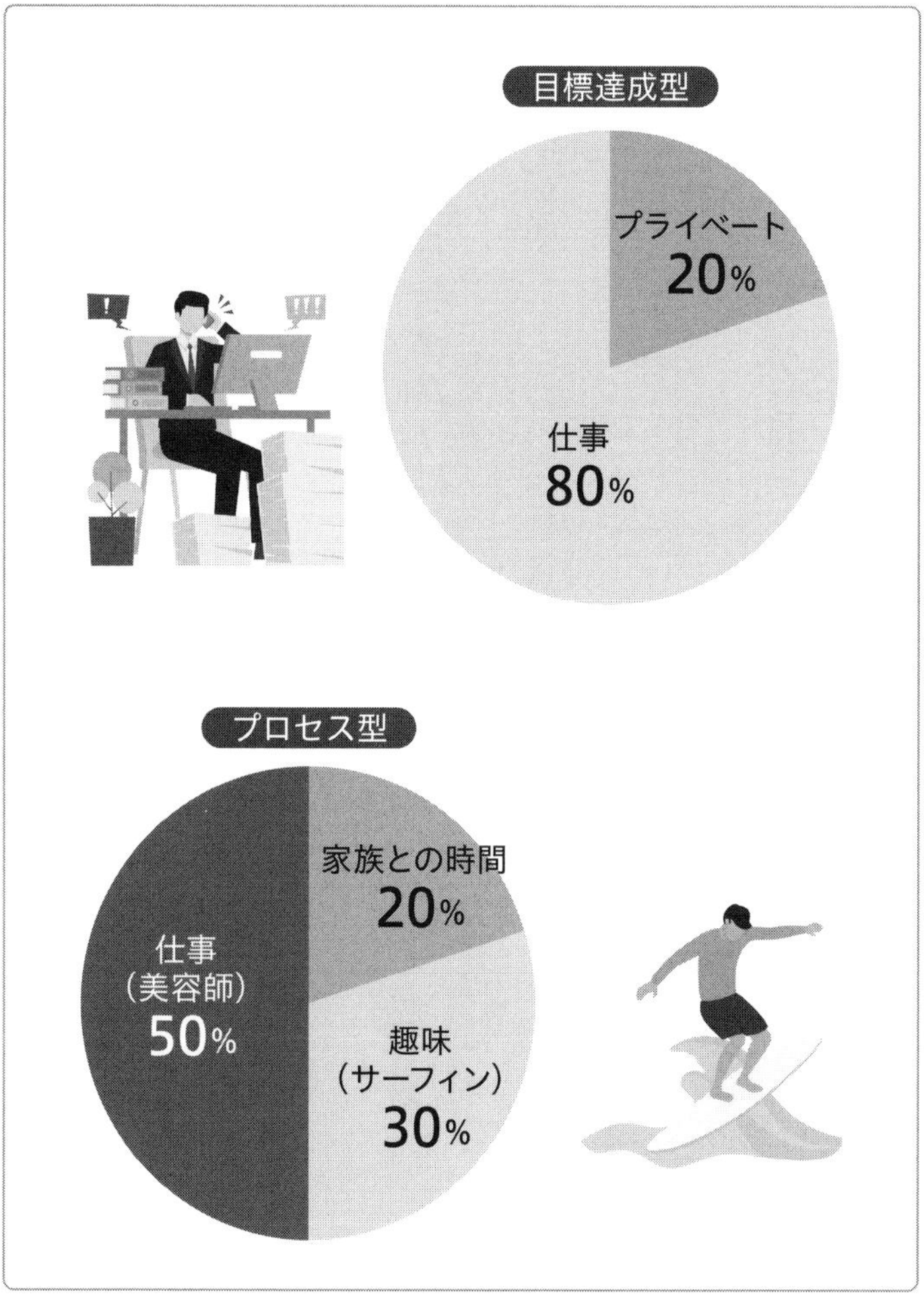

本書の最終ゴールは、「やりたいことを通して自分の感情を満たし、幸せな人生を生きる」こと。

それが実現できるのなら、手段が仕事でも趣味でも、ボランティアでも構わない。

そんなふうに、より緩やかなものとして、やりたいこと探しを捉えていただきたいと思います。

自分を知る手がかりは、「好き」のなかに

さて、ここまでのポイントをおさらいしたいと思います。

- ライフワーク（やりたいこと）探しで大切なのは、仕事（もしくは趣味）そのものではなく、それらを通じて「どのような感情を満たしたいのか」である。
- 多くの人は、手段と目的の優先順位が逆転している。
- 「自分が満たしたい感情」を明確にすることが、ライフワークを見つける手がかりである。

を含むライフワークは、仕事そのものでもいい。趣味やボランティア、または仕事を含むライフスタイル全体で満たしていく形でもいい。

では、「自分が満たしたい感情」は、どうすればわかるのか？

実は、自分を知る手がかりは、自分の内側だけでなく〝外側〟にあるといったら、驚かれるでしょうか。

感情は自分の中にあるため、人は一生懸命自分の内面を掘り下げる、いわゆる「自分探し」をしようとします。

しかし、人は一般的に内観幻想というバイアスが働くため、なかなか自分の気持ちを正確に分析できません。

これは私が世界で初めて発見したことですが、自分の感情を満たす要素は、必ず自分の外側にある大好きなものに含まれています。

これはある日、私がある人の転職の相談にのっていたときのひとコマです。

聞けば、彼女は「映画業界に興味がある」というのです。

そこで、なぜ気になるのか聞いたところ、彼女は特に「予想を超えた展開で、驚きや感動と出合うことが大好き」とのことでした。

そして、相談が終わった後に雑談をしているとき、スポーツの話題になりました。どうやら、彼女はスポーツが大好きだったようです。

その理由を尋ねると、「誰も予想しなかった大逆転がたまらない」といいます。どこかで聞いたような気がするなと感じました。

その後、話題は変わって今度はお気に入りの居酒屋の話になりました。

そこで彼女は、「あのお店は、意外性のある一品が出てきて面白い」と、再び「予想を超える」という趣旨の言葉を使ったのです。

この瞬間、私はまるで雷が落ちたような衝撃が体全体に走りました。

彼女が「好きなもの」は、映画、スポーツ、居酒屋とまったく関係ないものでした。しかし、実はこれらに共通するものが「予想を超えるものに触れたときの感動」という共通の感情で、それが彼女のワクワクの源だったのです。

したがって彼女は、「予想を超えるものに触れる仕事」であれば、映画にかかわる仕事でも、スポーツ系の仕事でも、飲食店でもすべてに幸せを感じられるのです。

このように、自分の心が動く対象から、心を満たす感情を探す――。

私は今、この新しい原理を用いて、講演会やクライアントの「本当に満たしたい感情」を分析して、そこからライフワークを探すお手伝いしています。

実際は第三者が客観的に分析することで正確にわかるものですが、第3章から、できる限り一人でも体験できるように、実際のワークにアレンジを加えてわかりやすくリメイクしたものをご紹介します。

第3章

「ライフワークの原石」が見つかる77の動詞

◢なぜ、自己理解が大切なのか？

私がお手伝いするやりたいこと探しは、「自己理解」が起点となります。

なぜなら職業には流行《はや》り廃《すた》りがあるからです。

たとえば、一時動画を公開してたくさんの広告収入を稼ぐユーチューバーが注目された時期がありました。

しかし、最近はTikTokなどのショート動画に世界的な流れが移っています。運営側のシステム変更などもあって広告収入が減るなど、ユーチューバーが昔ほど稼げなくなったともいわれます。

また、飲食の仕事でも、タピオカブームや高級食パン専門店、パンケーキ専門店など瞬間的に儲かる仕事はありますが、結局、ブームがすぎるとほとんどのお店が消えてしまいます。

「これから何がしたいのか？　何を叶えたいのか？　どうありたいのか？」

「何が好きなのか？　どんな強みがあるのか？　どんな才能があるのか？」

変化が激しい時代だからこそ、自分の本音に耳を傾け、自分の本質（エッセンス）を知る必要があるのです。

これが、自分の軸となります。

今から、2600年前の中国の思想家として生きた老子は、

「人を知るのは知識、自分を知ることが本当の知恵だ」

という言葉を残しています。[*1]

日本の経営の神様とも言われた松下幸之助も「まず、自己を知れ」という言葉を残しています。[*2]

自分を理解することの大切さは、古代アリストテレスの時代からずっと現代にまで引き継がれています。

そのくらい、自分を知ることは大切なことだったからでしょう。

実際、成功するビジネスマンは自己理解の能力が高いとする研究もあるぐらいです。[*3]

もちろん、世の中には、自分を深く掘り下げなくても、運よく理想のライフワークと出合える人がいます。

しかし、それは偶然性が高く、再現性に欠けることが多いのも事実です。うまくいく人たちを研究してわかったことは、ライフワークを見つけるプロセスは人それぞれでも、その奥には本質的な共通点があるということです。

自分の本質を理解できると、自分のライフワークの全体像や一部となるものが、確実に見えてきます。

そこに、時代のニーズや社会情勢などが合わさって、やりたいこと、ライフワークの形が、あなたの前に姿を現してきます。

「ライフワークの全体像」を知ろう

さて、ここからは実際にライフワーク診断をしていきたいと思います。

ただその前に、ライフワークの全体像から紹介しましょう。

私のイメージするライフワークは、ピラミッドです（図3-1）。

図3-1 ライフワークのピラミッド

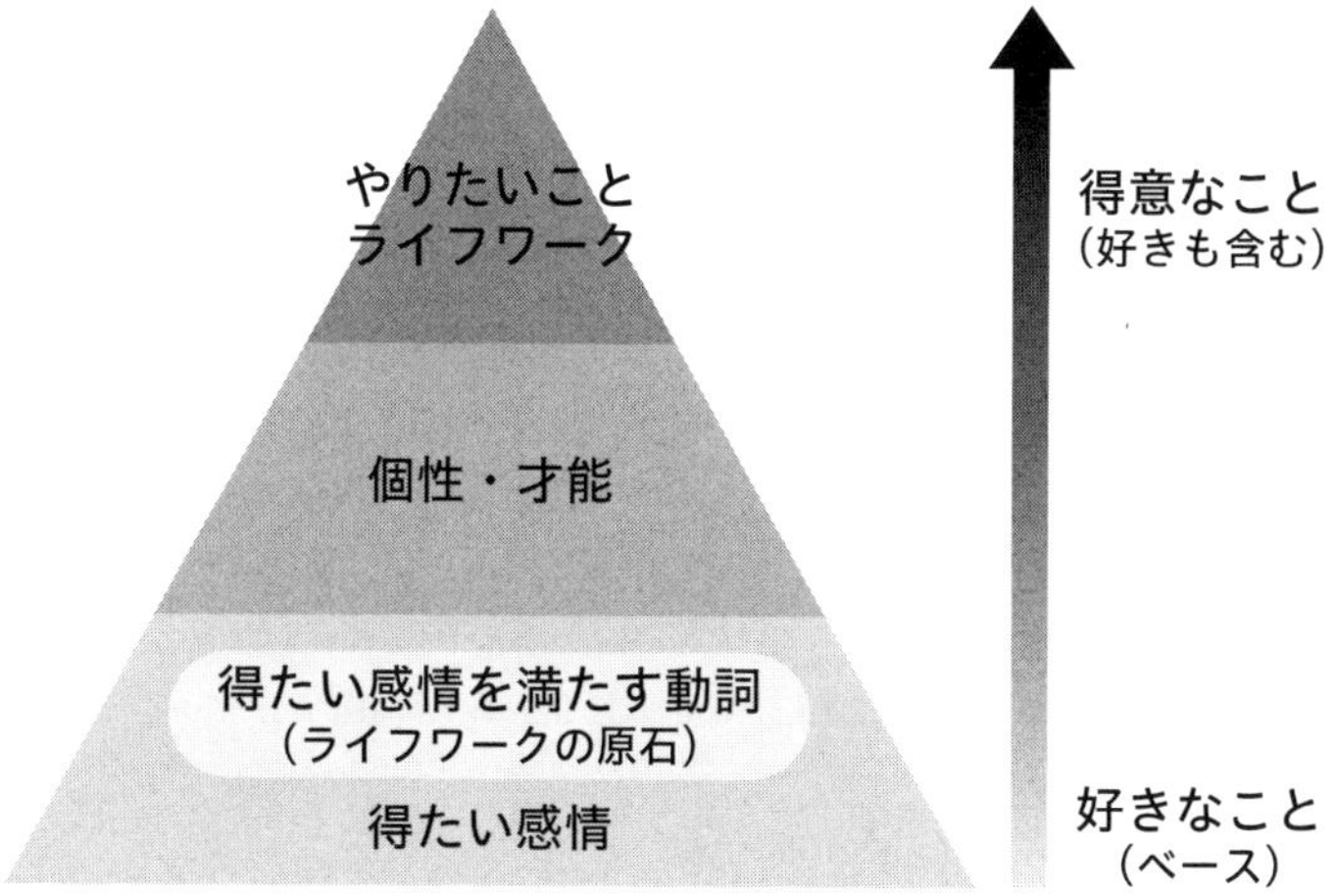

ライフワークの構造は、得たい感情とこれから紹介する「得たい感情を満たす動詞／ライフワークの原石（第3章）」が一番下にあり、その上に「個性（第4章）・才能（第5章）」があります。

これらは、ライフワークの方向性を明らかにする重要な要素です。

これらを満たす先に、その人にとっての「やりたいこと」、つまりライフワークがあります。

「ライフワーク」は、得たい感情と得たい感情を満たす動詞（ライフワークの原石）がベースになっています。

詳しくは後述しますが、これは得意よりも「好き」を基盤にすることと同義です。好きをベースに「やりたいこと」に近づくことで、脳の状態が高まってパフォーマンスも上がります。

そして、もう1つ大切なのが、「個性と才能」です。

多くの人は個性や才能だけを重視して仕事を選ぶ傾向があります。しかし、これは危険な行為です。

第1章で紹介した会計士の男性も、計算は得意でしたが好きではありませんでした。だから、会計士としての仕事はできましたが、幸せではなかったのです。

つまり、得意という感覚と、好きな感覚が一致しないことがあるのです。

私たちは得意なことのほうが目立つため、得意な感覚だけで自分の方向性を考えがちです。そのため、好きなことを蔑《ないがし》ろにする人がいます。

しかし、ライフワークは「得たい感情」と「得たい感情を満たす動詞」をベースにしたほうが、満足した人生を送りやすいのです。

そのうえで、「個性・才能」を知ると、ライフワークの方向性が定まります。

それでは、いよいよ始めたいと思います。

やりたいことを見つけるためにもっとも重要なこと、それは、「自分を満たす感情」を知ることです。

「7つの感情」を理解しよう

そもそも、私たちには何種類の感情があるのか、ご存じでしょうか？

「喜怒哀楽《きどあいらく》」という言葉がありますが、喜び、怒り、悲しみ、楽しみの4種類では、とても足りません。

カリフォルニア大学の研究チームは、感情は「27種類」あることを明らかにしました。[*4] その内訳は、次の通りです（図3-2）。

上段では27種類の感情を紹介し、下段ではやりたいこと探しにつながる感情とそうでない感情に分けました。

大きく分けて、感情には人をポジティブな気持ちにさせるものと、ネガティブな気持ちにさせるものがあります。

ライフワークを通して満たしたいと願うのは、当然ポジティブな感情であり、

図3-2 人間の27種類の感情

称賛（admiration）	歓待（entertainment）
憧れ（adoration）	ワクワク（excitement）
美しい（aesthetic appreciation）	恐れ（fear）
娯楽的な面白さ（amusement）	恐怖（horror）
怒り（anger）	関心（interest）
不安（anxiety）	喜び（joy）
畏敬（awe）	郷愁（nostalgia）
気まずさ（awkwardness）	安心（relief）
退屈（boredom）	恋愛（romance）
落ち着き（calmness）	悲しさ（sadness）
混乱（confusion）	満足（satisfaction）
切望（craving）	性的欲求（sexual desire）
嫌悪（disgust）	驚き（surprise）
苦悩（pain）	

ポジティブな感情	ネガティブな感情	ライフワークにつながらない感情
美しい	怒り	憧れ
娯楽的な面白さ	不安	称賛
畏敬	気まずさ	恋愛
落ち着き	退屈	性的欲求
切望	混乱	
歓待	嫌悪	
ワクワク	苦悩	
関心	恐れ	
喜び	恐怖	
安心	悲しさ	
郷愁		
満足		
驚き		

ネガティブな感情を満たそうと思う人はいないはずです。

また、ネガティブとはいわないまでも、ライフワークにつながりにくい感情もあります。

もっとも間違えやすいのは、「憧れ」と「称賛」です。

第1章でも、「カッコいい」や「あこがれ」起点のやりたいこと探しがうまくいかない理由について、「自分にないものを求めているから」と説明しました。

「称賛」には、「心から応援したい気持ち」と、「自分にはないからすごいと思う気持ち」の2種類があります。

心から応援したいという気持ちはポジティブな感情で、ライフワークにつながりますが、後者の場合は注意が必要です。

また「恋愛」「性的欲求」については、人間の根源的な欲求であり、地球上のほぼすべての人が持っているものです。

あまりにも強い場合は、ライフワークにつながるケースもありますが、一般的には個性を生かしたライフワークにつながりにくいことがわかっています。

◢「やりたいこと」を通して求める「7つの感情」

前述のポジティブな感情を、私がこれまで5000名以上を分析して、ライフワークにつながる感覚（自分が満たしたい感情）として7つに分類したものが、こちらです。

7つの中の1つでも満たされると、その活動で幸せになれます[*5]（図3-3）。

「安心感」については特に日本人を分析してよく見られたもので、今回新たに追加しています。

さて、今あなたがやっている仕事や趣味のなかで、7つのうち1つでも満たされている感情はありそうでしょうか？

もしあれば、それはまさしくライフワークにつながる活動の1つです。

なぜなら、この7つの感情こそが、あなたが仕事や趣味を通して満たしたい感情だからです。

図3-3 ライフワークにつながる7つの感覚

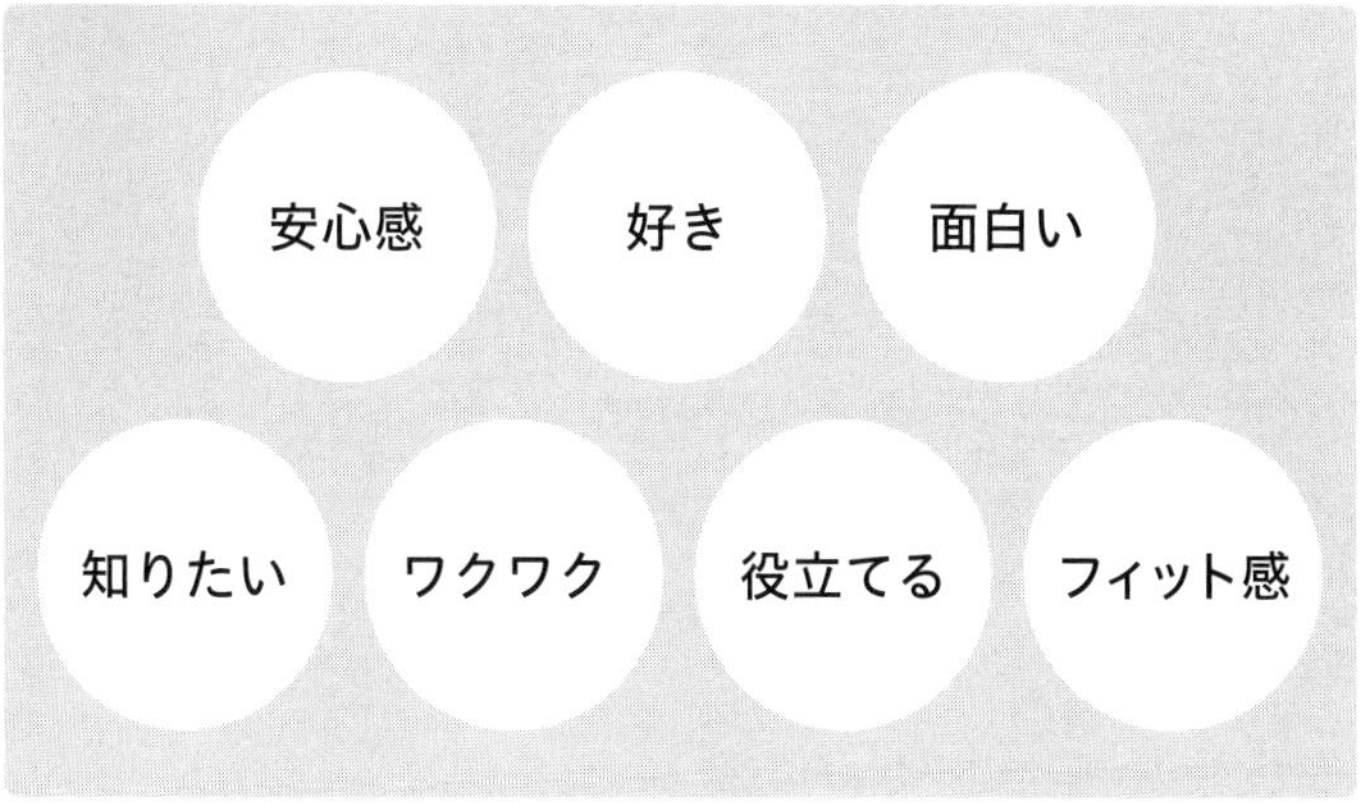

7つの感情がすべて満たされれば最高ですが、その必要はありません。

1つの感情が強い、もしくは7つのうち2〜3つの感情を満たせているのであれば、それはあなたを幸せにするライフワークの可能性があります。

なお、人によって7つの感情（言葉）から連想される感覚はそれぞれ違いますが、細かい定義にこだわらず、感覚的に理解できれば大丈夫です。

少し補足をすると、「安心感」は脳内ホルモンであるセロトニンに由来するリラックスの感覚です。

「心穏やか」「癒し」「懐かしさ」などの感覚も含まれます。

「好き」は、純粋にその対象に魅力を感じる感覚で、強くなると「大好き」「たまらない」という感覚に変化していきます。

程度の差はあれ「何かをほしい！」と思うときも、「好き」の感覚がベースになっていることがあります。

ただし、自分にないからほしいという感覚の「憧れ」は、「好き」という感情と近しいので誤解しがちですが、ポジティブな感覚とは異なりますので、注意してください。

「面白い」は、ユーモアや笑いなどの純粋に楽しい感覚を含むものです。娯楽的な要素が強いものを意味しています。

「知りたい」は興味の感覚で、もっと深く理解したい、自分の世界を広げたいという知的好奇心です。

美容から子育て、ビジネスから芸術、スポーツのスキルから森羅万象《しんらばんしょう》まで、知らない知識や考え方、非日常の世界を知りたいという気持ちを含みます。

「ワクワク」は"Excitement"という言葉の通り、興奮の感覚です。気持ちやテンションがあがるという感覚も含まれます。

「役立てる」は、人に喜んでもらったときの嬉しさがベースになっています。第2章でも触れた通り、大きな喜びや満足は自分のためではなく、人のために行なったときに最も強く感じることがわかっています。

「フィット感」は文字通り「自分に合っている」「自然体でいられる」という感覚です。「人や物、自然など何かとつながっている感覚」という人もいます。

人と人とが触れ合ったときの心地よさは、幸せホルモンと呼ばれる「オキシトシン」に由来し、多幸感と深く結びついています。

いかがでしょうか？

まずは、現在の仕事や趣味などの活動の中に、この7つの感情が含まれているかを確認すると、「やりたいこと」のヒントが見つかることがあります。

ワーク1

「ライフワークの原石」を見つけよう

7つの感情を満たす「特定の行動」

さて、いよいよワークに入っていきたいと思います。

「やりたいこと」を見つけるためには、この7つの感情につながる「特定の行動（動詞）」を見つけることが大切になってきます。

なぜなら、「やりたいこと」は、自分の感情を満たす特定の行動がいくつも重なってできているからです。

たとえば、私が以前お会いしたプロゴルファーのライフワークである「ゴルフ」は、下記の7つの行動からできていました。

- 戦略を分析する
- 全体を眺める（俯瞰《ふかん》する）

- 予想できない動きを読む
- チームではなく一人で動く
- 異なるものを組み合わせる
- 数字を見る
- 違う場所の空気を感じる

このゴルファーの方は、戦略を立てると「面白い」と感じるそうです。

そして、全体を俯瞰すると「安心」し、チームではなく一人で動けると「フィット感」がある、異なるものを組み合わせると「ワクワク」し、数字を見ることが「好き」で、違う場所に行くたびにその空気感を「知りたい」と思うとのことでした。

つまり、ゴルフは、7つのうち6つの感情を満たしていたのです。

そして、これらの6つの感情はすべてゴルフに含まれる特定の行動を通して得られていることにお気づきでしょうか？

つまり、自分の感情を満たせる行動を知ることができれば、おのずとそれがラ

イフワークとなるのです。

もちろん、このゴルファーの場合、6つの感情をすべて満たすものがゴルフだけとも限りません。

ゴルフ以外にも「テニスプレーヤー」や「航空操縦士」、意外なところでは全国を飛び回る「経営コンサルタント」もライフワークになる可能性があります。

人は、これまでに出合ったものからライフワークを探しますが、実はそれ以外にも自分が知らないさまざまな可能性が存在するのです。

たまたま、「ゴルフ」に出合ったということですが、ゴルファーを引退しても、それ以外にいくらでも選択肢はあることを意味しています。

ここからは、自分が満たしたい感情につながる「特定の行動」を、「ライフワークの原石」と呼ぶことにします。

本来ならば、私がヒアリングしたうえで客観的に分析していきますが、今回は書籍用のワークをオリジナルで用意してみました。

少しドキドキするかもしれませんが、準備ができたら、138ページの言葉のリストを見ながら、一緒にステップを進めていければと思います。

ペンかスマホのメモ機能を用意して読み進めてください。

ここで注目するのは、「動詞」です。

私がこれまで5000名を超える数多くの人たちを分析してきた結果、ライフワークの原石は77の動詞で構成されていることを突き止めました。

以下、主に常用漢字として使用されている動詞から多くの人の脳と心が喜びやすい言葉を抜粋しています。

次のページを見てみてください（図3-4）。

77個の動詞をざっと確認できたでしょうか？

では、この動詞のリストを参考に、ステップ1から3まで進んでください。

ステップ❶

77個の動詞から「（なんとなく）いいな」と思えるもの、「気になるもの」「心が動くもの」を5分以内に7〜10個ほど選んでみてください（厳密に7〜10個でなくてもいいですが、少なすぎても、多すぎてもわかりづらくなりますので注意してください）。

頭で考えすぎず、なんとなくという感じで大丈夫です。

図3-4 ライフワークにつながる77の動詞

つくる	描く(書く)	育てる	伝える	集める
学ぶ(深める)	動かす	見つける(わかる)	眺める	変える
聞く	かぐ	味わう	歌う	キレイにする	操縦する
巡る	高める	増やす	起こす(興す)	ねらう
感じる(触れる)	癒す	調べる	乗る	教える
磨く	清める	計画する	打つ	蹴る
投げる	助ける	つながる(結ぶ)	防ぐ(守る)	治す
探検する	届ける	飲む	予測する	駆け引きする
応援する	組み合わせる(融合する)	広げる(伸ばす)	表現する	
振り返る(再現する、想像する)	狭める	導く	盛り上げる	
祝う(プレゼントする)	塗る	彫る	こぐ	なりきる
開拓する	切る(分ける)	明るくする	読む	与える
繰り返す	冷ます(抑える)	奏でる(弾く)	つむぐ	促す
明かす(解明する)	分析する	シンプルにする(短縮する)	映す	
築く	問う(仮説を立てる)	燃やす	鍛える(究める)	重ねる
撮る(残す)	選ぶ	超える	温める	

例
つくる、組み合わせる、感じる、
キレイにする、つながる、癒す、育てる

ステップ❷

選んだ7~10の動詞それぞれに「目的語」を追加してみます。

たとえば、こんな感じです。

「つくる」という言葉を選んだら、空欄に何が入ると心が動くか考えてみてください。

たとえば、「シンプルなものをつくる」、「世の中になかったものをつくる」「子どもが喜ぶものをつくる」「小さなものをつくる」など、自分の気持ちが少しでも高まる言葉であれば、何でもOKです。

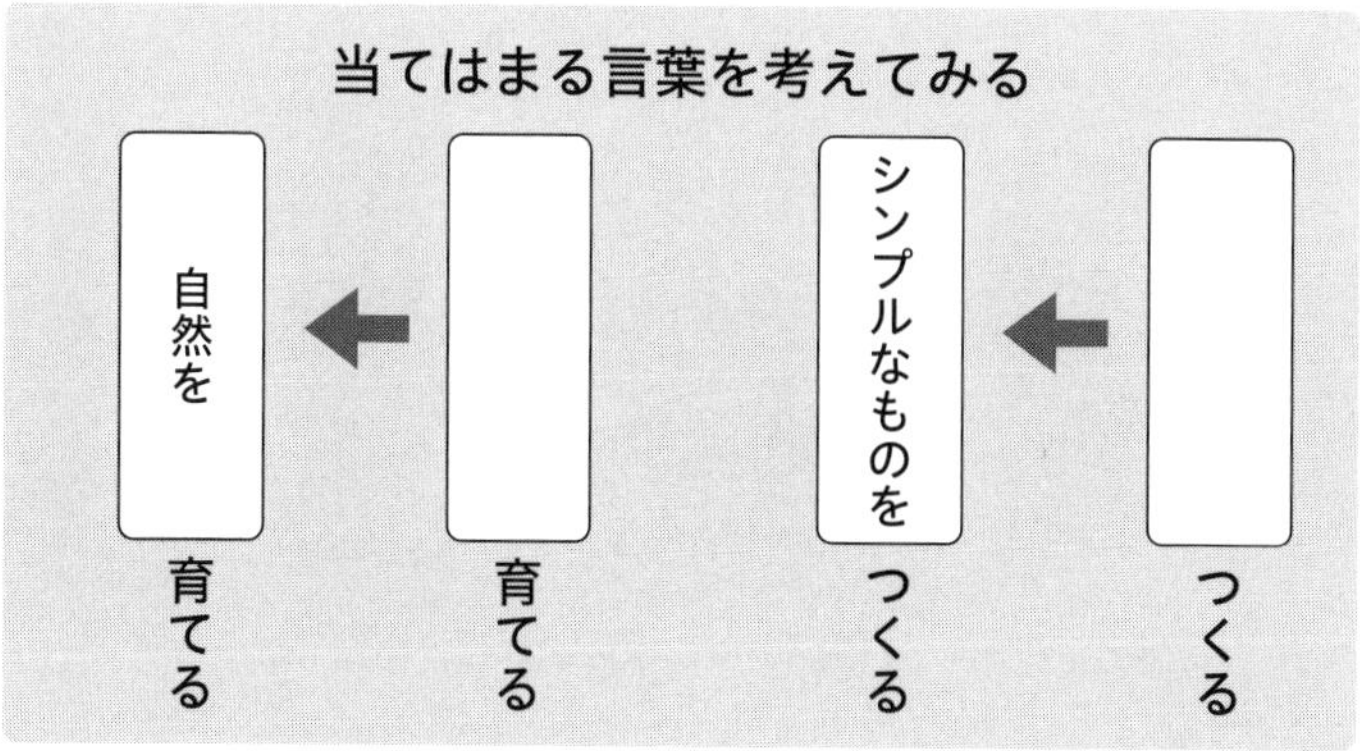

感覚的に自分の心が「フフッ」と喜ぶ言葉が大切です。

ステップ❸

次に、選んだ7〜10の動詞を好きな順に並び替えて、最後に「〜な仕事」で終わるように文章をつくってみてください。

こういう並びだったら、楽しい、ワクワクする、安心できる、面白い、しっくりくるなど、いずれにしても、自分に合った文章が大切です。

たとえば、こんな感じです。

シンプルなものをつくって、周りも自分もキレイになり、複数のものを組み合わせて、新しいものを感じて、たくさんの人とつながって、自然に癒され、心を育てる**仕事**

どうでしょうか？

この言葉を見ると、ボンヤリとでもこの人のライフワークの全体像が見えてきませんか？

最終的にこの人の「やりたいこと」は、薬膳《やくぜん》に関する仕事（アドバイザー、お店の経営、イベント）、女性を中心に漢方と美容をメインにした仕事、オーガニックの自然派の化粧品に関わる仕事などが候補に挙がりました。

これは実際に私が担当した事例ですが、このワークだけでその人のライフワークの方向性を明確にすることができたのです。

これが、77の動詞の素晴らしい効果です。

本書は書き出せば書き出すほど、変化が起きるように構成していますので、読むだけではほとんど成果は得られません。

あなたもまずは、書き出してみてください。

【その他の動詞の例】

情熱を燃やして、体験したことのない世界の人になりきって、人の悲しみや喜びを表現し、これまでのスキルを高めて、信頼を増やして、人生経験を重ねて、人の心を温める**仕事**

←**【実際のライフワークの候補】**演劇、俳優、脚本作家、監督、舞台演出など（その他にも、芸術家、音楽アーティスト、カメラマン、小説家、カウンセラー、トップ保険営業マン、ブロガーなど……多数）

時流を読み、物事同士の関係を分析して、将来のビジョンを描き、苦難を乗り越えたときの達成感を味わい、全国のいろいろな場所を巡って、ベストな選択肢を選び、クライアントの成功を祝う仕事

←**【実際のライフワークの候補】**コンサルタント（ビジネス、教育、営業、接客、人材開発など）、分析が好きなスポーツコーチ、音楽のアドバイザーなど

いかがでしたか？

実際に書き出してみると、ライフワークの方向性が何となく見えてきたのではないでしょうか？

ご注意いただきたいのは、真剣にやりすぎると、理性で考えている状態になり

ますので、書き出してもしっくりこないことがあることです。*6

そんなときは、時間を置いたり、場所を変えたり、日を改めて、リラックスできる状態でやってみてください。

部屋でアロマを焚《た》いたり、好きな音楽をかけてやっても大丈夫です。

いずれにしても、リラックスして感覚的になっているとき、最適な言葉を選ぶ傾向があります。

ワーク2

「ライフワークの原石」を採点してみよう

あなたは今、ライフワークを生きているか？

そして、もう1つ大事なことがあります。

それはライフワークのヒントは、すでにあなたが行なっている仕事や趣味、子育てなどの活動に隠れていることがあるということです。

先ほどの文章を書いたら、今度はここまでに挙げた7～10のそれぞれの動詞について、現在の仕事や趣味などの活動で、どのくらい満たしているかを採点してみてください。

「大いに満たしている」は◎（3点）、「満たしている」は○（2点）、「一部満たしている」は△（1点）、「満たしていない」は×（0点）とします（図3‐5）。

結果の判定は書き出した原石（動詞）の数によって変わります。

全体の7割以上満たせていたら（7つの場合は14点以上、8つの場合は17点以上、9つの場合は19点以上、10個の場合は21点以上）、「すでにライフワークを生きている」と評価してもよいでしょう。

しかし、点数が低かったとしても諦める必要はありません。
△や×の原石を、○と◎に引き上げることができれば、ライフワークに近づけることができるからです。
次の図3‐5で示した7つの原石（140ページでも紹介）の採点リストは、以前

図3-5 ライフワークの原石の採点リスト

現在の仕事や趣味といった活動でどのくらい満たしているか？

◎3点　○2点　△1点　×0点

1	シンプルなものをつくって	
2	周りも自分もキレイになって	
3	複数のものを組み合わせて	
4	新しいものを感じて	
5	たくさんの人とつながって	
6	自然に癒され	
7	心を育てる	

▼

実際の例

現在の仕事や趣味・活動でどのくらい満たしているか？

◎3点　○2点　△1点　×0点

1	シンプルなものをつくって	×
2	周りも自分もキレイになって	×
3	複数のものを組み合わせて	△
4	新しいものを感じて	○
5	たくさんの人とつながって	○
6	自然に癒され	×
7	心を育てる	△

合計　**6**点

に私がサポートしたある外資系の製薬会社で働く女性の管理職の方の一例です。

7つの原石だけを見ると、人の健康にかかわるように見えるため、製薬会社の仕事は、ライフワークを満たすように思えるかもしれません。

しかし、実際に彼女にどのくらい満たしているかチェックしてもらったところ、◎はゼロ、○よりも×や△のほうが多いという結果になりました。

今回の彼女のポイントは「管理職になってから、仕事が楽しくなくなってしまった」ということです。

これまで研究職として、人の健康にかかわる仕事をしていたときは、「複数のものを組み合わせる（新しい物質をつくる）」「新しいものを感じる（日々、小さな発見をする）」などの原石が満たされている毎日を過ごしていました。

幸福感もそれなりにあったようです。

ところが、管理職になってからは、研究から遠のき、業務管理がほとんど。そのため、2つの原石（感情を満たす行動）を満たしていないことに気づいたのです。

そこで私は、彼女に次のように聞きました。

「もしすべての原石を満たせるなら、どんな仕事をしたいですか？」

するると、彼女は少し考えてこう答えたのです。

「私、もともと西洋医学よりも、シンプルな素材を扱う漢方のほうが好きだったんです」

実は彼女は昔から自然由来の成分で体を癒すことに関心があり、高校時代は美容やキレイになれる漢方を扱う業界に進みたいと思っていました。

しかし、進学した国立大学には漢方を扱う学科がなかったとのこと。

それで仕方なく、薬学部に進みましたが、薬学部は化学物質を扱う西洋医学が中心で、自然のものに触れることができませんでした。

それでも彼女は優秀だったため、その後は外資系企業に就職。その結果、これまで7つの原石をあまり満たせないまま、ここまできてしまったのです。


そこで彼女がまず行なったのは、管理職をやめて研究職を希望する要望書を出すことでした。タイミング良く、自然由来の成分を扱える部署が新設され、そこに異動できないかと考えたのです。

そして、しばらく研修を受けて、新しい部署に異動できました。

数年後には他の企業で美容にもかかわれるような仕事に出合い、毎日が充実するようになったそうです。

さらに、彼女が気づいたもう1つのことが、もっと漢方やハーブの世界を体験したい、知りたいと思ったことです。

彼女はそのまま数多くの自然医学の分野を独学で勉強し、趣味としてハーブで人の心を癒すティーセラピーを始めました。

その後、結婚して退職し、趣味が高じて、今ではたくさんのお客様がそのサロンにいらしているようです。

製薬会社で働いていた人生が、一変するようなことが起きたのです。

◢ライフワークの原石を満たす「4つの方法」

この話の中にもたくさんのヒントがありますが、自分のライフワークの原石を満たすためには、大きく4つの方法があります。

1 新しい仕事を始める

もし、自分にとって大切な原石をすべて満たしてくれる仕事や趣味を発見できたなら、思い切って現在の仕事を辞めるなど、新しい活動を始めるのも1つの選択肢です。

転職する、独立起業する、バイトするなど、活動そのものを見直すことを通して、新しい自分に気づき、自分の可能性を発見できます。

「これしかない！」と思える仕事なら、思い切ってチャレンジしてみてもよいでしょう。

私自身、公務員や研究員として国に守られている立場から、自分で身を立てる立場へと大きく転身しました。

「どうしてそんなことができたんですか？」とよく聞かれますが、当時は「私がやりたい仕事はこれだ！」という確信がありました。

そんなときは、思い切ってスタートすることが予想もしない人生の扉を開くことがあります。

とはいえ、「いきなり辞めるのはちょっと……」「これまでのキャリアをリセットするのは……」など、少し怖さを感じる人もいるでしょう。

脳は大きな変化に恐怖を感じますので、これは当然のことです。

そんな方は、準備ができるまで②〜④の方法も有効です。

② 仕事を変えずに「考え方を変える」

転職や独立・起業などの大きな環境の変化をともなわず、働き方を変えることで仕事を主体的にとらえ直す方法です。
この考え方を、「ジョブ・クラフティング」といいます。[*7] ジョブ・クラフティングを通じて、今の仕事に対するフィット感、満足感、意義を見出せるようになる、つまり、やりがいを持てるようになります。[*8]
実際、化学工場で働く従業員288名に、ジョブ・クラフティングを行なった結果、仕事のパフォーマンスが向上したという報告もあります。[*9]
米イェール大学経営大学院のエイミー・レズネスキー准教授とミシガン大学の

ジェーン・E・ダットン教授の研究によれば、ジョブ・クラフティングには次の3つの技術があります。[*10]

1　作業クラフティング……やり方を工夫することで、今の仕事を充実させることを目指します。

一例として、好きな作業の比率を上げることなどが考えられます。

もしも、グラフを描くことが好きなら、プレゼン資料に図の要素を増やすなどが考えられるでしょう。

また、別の仕事を追加したり、融合することで仕事を拡大すると、よりワクワクできるようになることもあります。

2　人間関係クラフティング……仕事関係者とのコミュニケーションを工夫することで、良好な関係を築きます。自ら職場の居心地をよくすることで、仕事に対する満足感を高める考え方です。

3　認知クラフティング……これまでの仕事のあり方を捉え直し、再定義することで、やりがいを感じるようにすることです。

たとえば、営業職を再定義してみましょう。

一般的に営業といえば「商品を売る仕事」ですが、より本質的に考えれば「顧客の問題解決」ではないでしょうか？

このように考えると、ただの「御用聞き」から、顧客へ提案する「コンサルタント」のような働き方ができるようになるのです。

これによって、営業職を嫌がっていた人も、やりがいを感じるようになることがあります。


実際に、私のクライアントさんにこんな方がいました。

銀行員の仕事に強いストレスを感じていた男性です。

彼の原石を探っていくと、彼は教育への関心が強いことがわかりました。

銀行員は教育とは無縁と思いきや、そんなことはありません。

彼は、人材育成の部署への異動を希望して、教育という原石を満たせる環境を手に入れることができたのです。

3 副業する

ライフワークの原石のうち、本業ではどうしても満たせない動詞については、副業で満たすという方法もあります。

たとえば、今の仕事にルーティン作業が多く、クリエイティブな側面を満たせないのならば、副業で満たすというのもおすすめです。

シュガーアーティストとして世界コンテストでも優勝した玉川玲《たまかわれい》さんは、平日は大手通信会社の会社員として働き、副業でシュガーアートの教室をやっています。副業だけで年間100万円ほどの収入にもなっているとのことです。

もともと、会社の規定で副業が推奨されていたそうですが、芸能人のウェディングケーキを見てシュガーアートに魅せられ、教室に通い始めました。

好きでやっているうちにいつの間にか、大会で優勝、土日は教室を開くまでになったそうです。

いずれ、副業でお金を稼げるようになると、副業がメインの仕事になっていくケースもよくあります。

もし、お勤めの企業が副業OKならば、本格的なライフワークとする前に、副業として練習するのもおすすめです。

4 ライフスタイル全体で満たしていく

副業にするのも抵抗がある、もしくは、お金儲けとしてやるよりも純粋に活動したいという場合は、趣味などプライベートも含めて、ライフスタイル全体で満たしていくという方法もあります。

たとえば、「歌う」という原石がある人は、仕事でどうしても満たせない場合があります。

しかし、休日にバンド活動や合唱サークルに参加したり、人に指導する場を持ったりと、歌うことに関わる手段はいくらでもあるのです。

また、女性は子どもができると、仕事ができなかったり、仕事を制限しなければならないことがあります。

最近は、実家と離れて暮らす家族が増えたため、ワンオペ育児に追われ、好きなことをやる時間がない人も多いと聞きます。

「自分は子育てに向いていないのでは……」と悩む女性もいるようです。

一方で、どんなに大変でも子育てを楽しんでいる人がいるのも事実です。

その違いが何から生み出されているか調べてみると、幸せな人ほど仕事だけでなく、子育てでも原石を満たしていることがわかりました。

たとえば、「組み合わせる」という原石を持つ母親のケースを考えます。

そこで、子育てで「組み合わせる」という原石を満たす行動を考えると、

「この教材とこの教材を組み合わせると、子どもの言葉の発達が早くなる？」

「習い事は、音楽系のピアノとスポーツ系のサッカーを組み合わせると、相乗効果があるかも」

など、子育てのなかで「組み合わせ」の要素を満たすと、幸せに感じる瞬間が格段に増えていきます。

私の妻も、子育てを通して原石を満たしている女性の一人です。

彼女の原石には、「人とつながること」「本質を教えること」「雰囲気を明るくすること」「思いがけないものをプレゼントすること」が含まれています。

彼女は将来的に人にかかわる幅広い仕事ができる人だと思いますが、今のところは子育てを通して原石を満たしているため、十分幸せだそうです。

つまり、私たちは仕事でなくても、子育てやそれ以外の活動を通して原石を満たすことができることがわかってきています。

このように、今の自分の活動を再定義すると、実はすでにライフワークそのもの、もしくは、その一部を生きていることに気がつくことがあります。

ちなみに、子育てが終わると喪失感を覚えるという人がいますが、これは子育てを通して満たしていた原石を、満たせなくなったことが原因の1つです。

つまり、子どもが大きくなったら、原石を子育て以外の活動や仕事で満たす必要があるのです。

そうすると、最後まで充実した人生を過ごすことができます。

そのためにも、自分の得たい感情を満たしてくれる動詞（ライフワークの原石）を知っておくことは、とても重要なのです。

コラム 1

他人と比較せず、「10年後の自分」を目標に

仕事をしていると、「結果を出しなさい」「あの人はできているのに、なぜあなたは」と言われることがあります。

これでは、好きだったことも、いつの間にか嫌いになるでしょう。

うまくいく人と、そうでない人の違いの1つが、「他人と比較しない」ということがわかってきています。

仕事や活動に自信をもって邁進している人たちにインタビューすると、ほぼ全員が「自分は自分、人は人なので気になりません」と答えます。

マイクロソフト創業者のビル・ゲイツも「自分のことをこの世の誰とも比べてはいけない。それは自分自身を侮辱する行為だ」と語っています。[*11]

私たちは、他人と比較すると、実際より自分が小さく見えます。

これを専門用語で「比較バイアス」といいます。

「隣の芝は青くみえる」という言葉通り、他人をうらやましく思うのです。*12


それでは、人と比較しないためには、どうすればよいのでしょうか？

その秘密は脳の認知の方法、「何と比較するか？」にカギがあります。

実は、うまくいく人ほど「他人」ではなく、「自分」と比較します。

アカデミー賞の受賞式で、映画『ダラス・バイヤーズクラブ』で主演男優賞を獲得したハリウッド俳優のマシュー・マコノヒーさんが登壇しました。

トロフィーを授与されたあとのスピーチで、彼はこんな話をしたのです。


「私には目標とする存在がいます。それは、10年後の自分です。僕のヒーローは常に10年後にいます。

追い続けても、追い続けても、私は彼に追いつけません。しかし、追い続けることで、今この舞台に立つことができたのです」


私はそんな想いを聞いて、思わず感動しました。

比較するのは他人ではなく、10年後の自分。10年後の自分と比較して、自分に今何が必要かを考えることが大切だと知りました。

そして、10年前の自分と比較して、どのくらい自分は成長できているかを確認する。

「比較するのであれば、過去の自分と未来の自分」

そんなメッセージをこのスピーチから教わったような気がしました。

第4章

あなたの個性がわかる「7つの質問」

◢「個性」を知って、「やりたいこと」の方向性を決める

これまで「やりたいこと」を見つけるために、自分の感情を満たす行動（ライフワークの原石）を探ってきました。

これだけで、自分のライフワークがぼんやりとでも見えてきた人もいるかもしれませんが、もう1つ大切なことがあります。

それは「自分の個性」を知ることです。

人は、満たしたい感情が同じだったとしても、その人の個性によって「やりたいこと」にアプローチする方法が変わってくるからです。

たとえば、141ページで紹介した次の原石を見てみてください。

情熱を燃やして、体験したことのない世界の人になりきって、人の悲しみや喜びを表現し、これまでのスキルを高めて、信頼を増やして、人生経験を重ねて、人の心を温める**仕事**

たとえば、この人が、何かを表現することに興味があるとします。

そのとき、この人がどんな個性を持つかで、表現する内容も質も次のように変わります。

- 論理的な人↓構成を考える舞台の演出家
- 感覚的な人↓演技をする側の役者、ダンサー
- マイナスに物事を見るのが好き↓社会問題を扱う映画の制作
- プラスに物事を見るのが好き↓何気ない日常の大切さを描く映画の制作
- 一人でいるのが好き↓ブロガー、作家
- 人と一緒にいるのが好き↓カウンセラー、チームプレイ
- 日本が好き↓日本の歴史がテーマとなる作品
- 海外が好き↓海外の文化を取り入れた作品

仕事のやり方でも、次のような違いが出てきます。

- 男性と話すのが得意→男性客を対象とする活動
- 女性と話すのが得意→女性客を対象とする活動
- 自分で決めるのが好き→個人事業、リーダー的な仕事
- 従うのが好き→組織に所属する、チームプレイ
- 個人に影響を与えたい→少人数を相手にする対話型の仕事
- 社会に影響を与えたい→大人数や組織を相手にするイベントやメディア系の仕事

いかがでしょう。

その人の個性によって「やりたいこと」にアプローチする方法は、ここまで変わるのか、と思われませんでしたか？

個性を知ることは、「やりたいこと」の方向性を決める大事な営みなのです。

ワーク3

7つの質問で「自分の個性」を可視化する

あなたの「嗜好性」を知ろう

それでは早速、自分の個性を知る質問で自分を深掘りしていきましょう。

7つの質問から、自分がどんなタイプかを答えてください。

どちらか決めづらいこともあるかと思いますが、迷っても深くは考えずに、「えいや」でどちらか決めてしまいましょう。

また、❺と❼の質問については、複数の項目から好きなものを選んでみてください（複数ある場合は、いくつ選んでも大丈夫です）。

質問1 買い物は、考える派？ 感覚派？

私たちは、物事を判断するときに、思考をフルに使う人と、感覚を頼りに選ぶ人の大きく2種類に分けられます。

どちらがいいというわけではなく、それがその人の個性です。

新製品を買うときに、店頭やネットで「これはいい！」と思ったら、すぐに買う人もいますが、サイトやカタログをいくつも調べて、もっともよい選択をしようとする人もいます。

第2章で触れた「目標達成型」の人は総じて考えるのが好きな人が多く、「プロセス型」の人は感覚的なものが好きな傾向があります。

旅行のときにとにかく計画する人は、目標を考えることが好きなタイプといえるでしょう。

逆に旅行は計画せずに行き当たりばったりのほうがよいという人もいます。感覚で進むことが大好きで、プロセスを楽しむのが大好きな人です。

あなたはどっち？

考える派 or 感覚派

質問2 あなたは、ポジティブ？ ネガティブ？

人には、物事のプラスの側面にフォーカスするタイプ[*1][*2]と、マイナスな面に強く注目するタイプがいます。[*3]

マイナス面に目を向けるネガティブ型は、一見するとよくないイメージもありますが、問題を見ることが好きなので、医者や弁護士、リスク管理の仕事など、問題を解決する仕事でうまくいくことがあります。

原因を深く診断せずに、「大丈夫だから安心して！」という医師は、患者側も心配しますし、仕事としても成立しないでしょう。

一方で、ポジティブ型の人は、過去よりも未来のことを考える未来志向の人が多い傾向があります。

ポジティブ型は、ビジョンを描いて多くの人を動かす経営者や商品開発など、まだ世にないものを生み出す仕事に適性があります。

あなたはどっち？

ポジティブ型（未来型）or ネガティブ型（過去・課題解決型）

質問3 元気になりたいとき、1人でいる、みんなといる？

仕事や悩んでいることで心が消耗し、元気を回復したいと思ったら、あなたは1人でいたいですか、みんなといたいでしょうか？

1人でいたい人は、自分と向き合うことで元気を回復する人です。

一方で、みんなといたい人は1人よりも、人の気持ちや言葉、温かさに触れ合うことで元気が回復する人です。

チームプレイやみんなと一緒に進んでいくことに喜びを感じます。

1人が好きな人は、根暗でよくないイメージがありますが、実は1人を好む人のほうが、脳の覚醒レベルが高いことが研究によって証明されています。

というのも、レモンを口に入れたときに、一人が好きな人は、みんなと一緒が好きな人と比べ、唾液の量が50％も多かったという実験があるのです[*4]。

唾液がたくさん出るのは、ちょっとの刺激で脳が活発に反応するということを意味します。１人で過ごしていても、脳がいろいろ反応するので、人と一緒にいなくても自分１人で楽しめるということです。

あなたはどっち？

1人型 or チーム型

質問4 文化のタイプ 好きなのは、日本の文化、海外の文化？

あなたが好きな文化は日本のものと海外のもの、どちらが多いですか？

映画、音楽、小説、アニメ、スポーツ、食べ物からファッション、建物からイベントまで、どっちが好きか考えてみてください。

ここからわかるのは、あなたに望ましい「安定と刺激」のバランスです。

安定型の人は慣れ親しんだ環境を好む傾向にあり、刺激を求める不安定型の人は安定領域の外にあるまだ見ぬ刺激を求める傾向があります。

人それぞれ傾向があるので、これもどちらがいい、悪いではありません。

あなたはどっち？
安定型 or 不安定型

質問5 得意なのは子ども、大人、高齢者、男性、女性？

あなたはどんな人と一緒に活動できると楽しいですか？

どんな人と話すときにワクワクや安心感、接しやすいと感じますか？

世の中には、子どもと一緒にいると楽しいという人もいますし、男性といるほうが盛り上がる、40代の女性の美容や60代の健康や病気の治療に関する話なら無限にできるという人もいます。

人それぞれ得意な人や分野が違いますので、1つでもいいですし、2つ以上つけてもらっても大丈夫です。

「どんな人といても楽しい」という答えでもOKです。

これまでの自分を振り返って、自分がどんな人と一緒にいると心地よかったか、どんな人と仕事や活動したら楽しそうか？ 確認してみてください。

子ども or 大人 or 高齢者 or 男性 or 女性

質問6 落ち着くのは、コントロールする、従う？

世の中には、自分主導で動くことが大好きな人がいます。何かにコントロールされるよりも、コントロールしていることのほうが大好きな人です。

組織に所属することが苦手なので、起業したり、フリーランスや会社のなかでもリーダー的な立ち位置が大好きな人です。

もしくは、組織に属していても、全国を飛び回る、歩合制で稼ぐ成果主義のトップセールスマンにも多く見られます。

反対に、大きな枠組の中にいて、人に従ったほうがラクだったり、居心地がよい、楽しいという人もいます。

収入は自動的に得られて大きなものに守られているほうが安心する人も、従属型に入ります。

自分はどちらか、チェックしてみましょう。

あなたはどっち?

コントロール型 or 従属型

質問7 影響を与えたいのは、個人、グループ、地域、社会?

あなたが仕事や活動で影響を与えたいのは、個人ですか、グループですか。あるいは、地域や社会でしょうか?

私は仕事柄、教育関係の人とお会いすることも多いのですが、先生といっても本当にいろいろな方がいらっしゃいます。

- 子ども一人ひとりの悩みを聞いて問題解決する専門家(個人)
- 円滑《えんかつ》な学級運営で、みんなで達成感を味わいたい先生(グループ)
- 保護者の意識を変えることで、子育ての質を上げる活動に携《たずさ》わる人(地域)
- 新しい提言で社会の枠組みを変えていく教育委員や政治家(社会)

同じ教育といっても、その人が影響を与えたい対象の違いによって、随分とライフワークの形は変わっていきます。

さて、ここまで「自分の感情を満たす動詞」と「個性」を見てきました。

ここで一度、どんなライフワークがあなたにとって好ましいか、言葉にしてみてください。具体的な職業や趣味でなくても構いません。「大体、こんな方向ではないだろうか……」というくらいの解像度で結構です。

「自分の感情を満たす仕事や趣味は何だろう？」と自分に問いかけ、言葉にしていく習慣を身につけてほしいのです。

私は頭のなかで話す言葉「脳内トーク」の研究もしていますが、うまくいく人ほど、自分への問いかけもうまく、結果を出しやすいことがわかっています[*5]。

真剣に考えると、脳が疲弊して答えを思いつきにくくなりますので[*6][*7]、場所を変えたり、コーヒーを飲んでみたり、温泉に浸《つ》かってみたり、リラックスして気楽に想像してみてください。

個人 or グループ or 地域 or 社会

コラム2

「お金のため」に働いてはいけない

「好きだったのに、仕事にしたら嫌いになった」という話を聞きます。

好きなことを好きでい続けられる人と、好きが嫌いに変わる人。

両者の違いの一つに、「報酬についての考え方」があります。

ここはライフワークを実現するうえで大切なことなので、ある有名な実験を紹介したいと思います。

米国の教育学の権威でもあるデシ博士は子どもたちの「やる気を高める」実験を行ないました。[*8]
当時、話題になっていた面白いパズルを子どもたちに渡すと、夢中になって子どもはパズルを解き続けました。
そんなとき、「中断して休憩してください」と指示するのです。
休憩中は何をしてもよいのですが、子どもたちは、休憩中もパズルを夢中になって解き続けました。よほどパズルが面白かったようで、子どもたちのやる気は高まっています。

そこでデシ博士は、「パズルが解けたら報酬を1ドルあげるよ」と伝えました。

普通なら、報酬をあげると、さらにやる気が出ると予想するでしょう。

しかし、結果は正反対。パズルが解けたら報酬をあげたグループは、休憩を与えても、パズルに見向きもしなくなったのです。

あとで検証すると、最初は、子どもたちはパズルを解くこと＝快感だったのに、お金を与えられる＝快感になり、パズルを解く喜びや楽しい気持ち、つまりやる気が入れ替わってしまった（なくなってしまった）のです。

このように、報酬がやる気（専門用語で内発的動機）を低下させる現象を、アンダーマイニング効果といいます。

こうなると、報酬がない状態では、やる気が生じません。

同じことが、私たちの仕事にも起こります。

つまり、「お金のため」に好きなことを仕事にした人は、お金のせいで仕事が嫌いになるということです。


では、好きなことを好きであり続けるために、何が必要なのか。

それは好きなことで、人に貢献できる喜びを感じることです。

１０３ページでも紹介した通り、私たちは人のために行動すると、脳はより大きな快感を感じます。

お金だけでなく、人に貢献できる喜びを追求していくこと。

大好きなことを仕事にして幸せになれる秘密は「結果だけでなく人への想い」を大切にすることにあったのです

第5章

適職がわかる「才能診断」

◢ 才能の理解を深める「MI理論」

本章では、あなたの「やりたいこと」の方向性を明確にする仕上げとして、「才能」についての理解を深めていきたいと思います。

私は仕事柄、さまざまな才能の理論を調べてきましたが、意外と才能に関する理論は多くありません。

その理由は、「才能」とは何かの定義が曖昧だからです。[*1]

たとえば、「記憶力」を才能だという研究者もいれば、才能ではなく人間としての基本能力だという人もいます。

また、才能がかかわる脳の部分は幅広いため、脳科学的に「これが、この人の才能だ！」と言い切ることは至難の技なのです。[*2]

人の才能を、もっともわかりやすく数値化した有名な指標は、知能指数（ＩＱ）でしょう。[*3]

実は、それ以外の指標があるのはご存じでしょうか？

2018年、IQとは独立したまったく新しい才能「O（オー）」が米国ヴァンダーヴィルト大学にて発表されて話題となりました。[*4]

「O」は、物体認識にかかわる才能で、X線の写真から小さな腫瘍《しゅよう》を特定したり、間違い探しが得意だったりと、視覚情報から正しい判断を行なう能力です。

ちなみにIQが低くても、Oという才能が異常に高い人もいるため、Oの診断をすると天才だといわれる人もいます。

そして、もう1つ才能理論として世界的に有名なものが、認知教育学の権威であるハーバード大学のハワード・ガードナー教授が提唱した「8つの知能（MI理論）」です。[*5]

彼は「人の知能は1つではなく、複数存在する」ということを提唱して、IQだけで人を判断することに疑問を投げかけました。

この理論に対し、世界ではさまざまな見解が示されていますが、[*6]私自身、これまで15年ほど脳の研究をしてきたなかで、MI理論はかなりの確率でその人の能力を言い当てることができると感じました。

私は「8つの知能」理論をベースに、独自の分析を加え、これまでビジネスからスポーツ、幼児教育にいたるまで数多くの人たちの才能を分析してきました。

本章で紹介するのは、私が企業や教育機関などに提供している才能診断の一部（簡易版）になります。

才能診断後に、適職診断の表（P201〜205）を通じて、自分の「やりたいこと」の方向性を確認することができますので、チェックしてみてください。

私たちのなかに眠る「10の才能」

人の才能は大きく10種類あります。順を追って紹介しましょう。

A　言語的知能

私たちが、自分や相手の考えを言語化したり、言葉をアレンジするといった、言葉に関する才能です。

有名な例としては、演説家や小説家。世界的に有名なキング牧師やケネディ大統領、文章力を武器とする小説家や編集者なども含まれます。

言葉の才能は仕事以外にも見られます。

SNSやブログの文章でバズったり、話の面白さで人を魅了できるといった方は、高い言語的知能の持ち主です。

B　数学的知能

数学的知能は、文字通り、数字を扱う才能です。

ピタゴラス、アイザック・ニュートン、カール・フリードリヒ・ガウス……、私が説明するまでもなく、数学的知識に長《た》けた偉人たちです。

数学者、物理学者といわずとも、データアナリストや会計士、税理士といった仕事も、日頃から数字を扱います。

「8つの知能」理論では、「論理・数学的知能」として、論理と数学の才能は一緒に扱われています。

しかし私自身、数多くの人を見てきて、２つの才能は別物として分けられることに気づきました。

「数学ができないと、論理的思考も苦手」と多くの人が思っていますが、実際には、計算は苦手でも、物事の仕組みを考えたりすることが大好きな人がいます。

あなたの周りに、計算や数学は得意ではないのに、生き物や宇宙、量子物理学などに興味があったり、電化製品の仕組みをやたら、わかりやすく説明できる人はいませんでしたか？

そうした人は数学的才能ではなく、論理的な才能がある可能性が高いのです。

C　論理的知能

論理的知能は、物事を一つひとつ積み上げて構成していく能力や、人の話などを整理して、そこから因果関係を見出す能力です。

旅行の計画が得意なのも、論理的知能の高い人に見られる傾向です。

コンサルタントや経営者などは、論理的知能が高い傾向にあります。文系出身で経営コンサルタントになる人がいるのも納得かと思います。

マイクロソフト創業者のビル・ゲイツ、メタ創業者のマーク・ザッカーバーグなど、世界的に優れた経営者は論理的知能が高いことが予想されます。

質問をするのが大好きな人も、論理的な思考が強い人が多い傾向があります。表面的な内容よりも、その背後にある仕組みを知りたいからです。

D　視覚空間的知能

モノの形や配置を脳内で再現する能力です。イメージを3Dで再現する能力ともいえます。近年見つかった物体認識の才能「O」にも重なる能力です。

この知能が長けているのは、たとえば建築家や車の運転が得意な人です。

頭のなかで立体を回転させたり拡大したり、想像上の建物のなかを歩いたりと、自由自在です。

また、地図を読むのが上手な人、一度歩いた道を忘れない人、インテリアや家具の配置を一発で決められる人なども、視覚空間的知能が高いでしょう。

歴史上の偉人でいうと、相対性理論を確立したアインシュタインは視覚空間的知能があったといわれています。

彼は、惑星の軌道を脳内で忠実に再現できる特殊な能力があったそうです。

なお、ここまでに挙げたA～Dをすべて総合した力が、かの有名な「IQ」という知能指数を構成する基本的な力となります。

E　音楽的知能

リズムやメロディー、音の高さや音質などを認識する能力です。

私が説明するまでもなく、モーツァルト、ポール・マッカートニー、マイケル・ジャクソン……、音楽の巨匠たちはこの能力が突出しています。

音楽家は当然音楽的知能が高いのですが、作曲や楽器演奏以外のところにこの才能を生かしている人もいます。

たとえば、舞台の演出家、イベントの演出家、動画クリエイターなどです。

彼らは「この音楽をこの場面で、このタイミングで流すと場が盛り上がる」など感覚的に鋭く、瞬時にわかります。

このように、音楽をつくる仕事のみならず、音楽を「アレンジする仕事」にも生きる知能です。

F　身体的知能

ＭＩ理論では体全体を動かす「身体的知能」と後に述べる「手先の知能」は、身体的知能という表現で1つになっています。

しかし、私のこれまでの15年の知見では、2つに分けたほうが、自己理解を深めることができるため、「身体的知能」と「手先の知能」に分類しています。

身体的知能は、体全体を使うことに喜びを感じたり、頭でイメージしたことを体で再現するのが得意な力です。

また1つの場所にずっといることができない人が多いことも特徴です。デスクワークが好きでない人は、身体的知能が高いことが多かったりします。

身体的知能に優れた人は、野球やサッカー、陸上、水泳、スキーなどスポーツ選手、力士、フィギュアスケーター、プロダンサーやバレー女優、ミュージカル俳優、配達員から体操の先生まで、とにかく体を動かすことが大好きです。

得意でなくても、体を動かすのが好きであれば、大丈夫です。

G　手先の知能

料理人や彫刻家、手芸が得意な人など、職人系の仕事をする人たちに顕著な、手先の器用さを表す才能です。

医療の世界で「神の手を持つ外科医」と賞賛されるスーパードクターも、この才能の持ち主といえるでしょう。

余談ですが、私の同級生で医者になった人も多かったのですが、外科医になったものの、手先の器用さで苦労している人が少なからずいます。外科医の世界では、頭のよさだけでなく「手先」と「視覚空間」の能力が必須です。

もしかすると、手術がいらない内科医や精神科医になったほうが、医者としては成功しやすく幸せを感じやすかったかもしれません。

そういった意味で、学習成績（IQ）だけで進路を決める今の教育システムには、まだまだ課題がたくさんあるともいえるでしょう。

H　対人的知能

対人的知能とは、相手の立場で考える能力で、コミュニケーションのうまい人が持ち合わせている才能です。

他人の意図や要求、感情を理解する能力、人に共感することが得意です。

この知能が優れた偉人は、貧しい人々に生涯を捧げ、ノーベル平和賞を受賞したマザー・テレサが有名です。

対人的知能は、営業職やレストランやホテルの接客、各種のサービス業など、純粋に人と接することが好きな人は持っていることが多い傾向があります。

子どもが好きな人、休日は人と会う予定を入れる人も、この能力が高い可能性があります。

会話中や電車に乗っているときに、第三者を見て「この人は何を考えているのか？」とつい考えてしまう人も、対人的知能が高いといえるでしょう。

Ⅰ 内面的知能

聞き慣れない言葉かと思いますが、内面的知能とは、自分を深く理解する能力のことです。

私もこの仕事をするまでは、まったく知らない才能でした。

自分の感情や長所短所、将来何になりたいのか、そのために取るべき行動などを把握する能力をいいます。

子どもの頃から妄想好きな人や、マイペースで周りが見えない人は、内面的知能が高い可能性があります。

内面的知能が高い人は、自分の理解を深めていくのが大好きです。

研究者気質で、一人で黙々と活動するのもOK。部屋にこもりきりの仕事も、苦になりません。

世界的に有名なラルフ・ワルド・エマーソンなどの哲学者、思想家、人生の意味を伝える牧師やお寺の住職、心理学や自己成長に興味がある人も、この能力の持ち主だと考えられます。

私自身もこの能力が高いことに、30歳を過ぎて気づきました。

J 博物学的知能

博物学的知能とは、簡単にいうと「分類の才能」です。同じ種類をまとめる、あるいは違う種類を見分ける能力です。

たとえば、わかりやすいのはブランド品や骨董品の鑑定士でしょう。見た瞬間に本物と偽物の区別ができてしまいます。

身近な例では、植物の名前に詳しい人も同じです。

道端に生えている雑草をパッと見て、普通の人には「どれも同じ」に見えてしまうかもしれません。

しかし、博物学的知能が高い人は、植物同士の共通点と違いがすべてわかるため、まったく違う植物として見分けられます。

それ以外に、動物や世界遺産に詳しい人や、ワインや切手、フィギュアやコスメのコレクター、鉄道マニアなども、博物学的知能が高い人が多くなります。

意外なところでは、自然保護活動に熱心な人も、博物学的知能の持ち主である可能性が高いことです。自然の素晴らしさとは、多様性の素晴らしさ。樹々の色合いや花の香りから、季節の移ろいを感じる——博物学的知能が高い人には、そういった感受性の強さがあります。

進化の系統を分類し、『種の起源』を発表したチャールズ・ダーウィンはその典型です。米国のアル・ゴア元副大統領のように、自然好きが高じて環境保護活動に熱心な人もいます。

ワーク4

自分の才能がわかる「診断シート」

10の才能のバランスがわかる

さて、10の才能の中身を理解したところで、あなたが10の才能をどんなバランスで持っているか、診断してみましょう。

今回は自分で診断ができるように、シンプルな内容にしてあります。大まかに、10の才能のうち、自分の好きなこと、得意なことがわかる設計です。

質問

あなたは次のうち、どんなものに関心がありますか？ここでは、「好き」と「得意」を混ぜて構いません（また、経験していなくても構いません）。とにかく関心のあるAからJまでの各項目に、選択肢から該当するものにチェックを入れ、何個該当したのかを書き出してください。

A 言語的知能

- □ テレビよりラジオのほうが情報を得られる
- □ 言葉で議論する
- □ 手紙や報告書を書く
- □ 本、新聞、雑誌から情報を見つける
- □ 情報を伝える
- □ ものごとをよくメモする

B 数学的知能

- □ 暗算する
- □ 数字を使ったゲームをする
- □ 家計簿をつける
- □ 数字から状況を把握する（読み解く）
- □ 数字の動きを予想する
- □ 計算が速い

C 論理的知能

- [ ] 旅行の計画を立てる
- [ ] 将棋、オセロ、パズルなど思考力を使うゲームをする
- [ ] 物事同士のパターンや関係を探し出す
- [ ] 仕事や問題に対して、論理的に一歩ずつ取り組む
- [ ] 実験する
- [ ] 人によく質問をする

D 視覚空間的知能

- [ ] 写真やビデオを撮る
- [ ] 図や絵を描く
- [ ] 庭園やインテリアの配置を考える
- [ ] 地図を読む
- [ ] 車の運転や駐車が好き
- [ ] 彫刻や洋服など立体的なものをつくる

E 音楽的知能

- [ ] 楽器を演奏する
- [ ] 歌を歌う
- [ ] メロディーを聞いて何の曲かすぐわかる
- [ ] 状況に合わせた適切な選曲ができる
- [ ] 作曲する
- [ ] リズムを正確に合わせる

F 身体的知能

- [ ] スポーツ
- [ ] 走る、マラソン
- [ ] 球技、水泳
- [ ] マニュアルを見たり読んだりするよりも実際にやってみる
- [ ] ダンス、ヨガ
- [ ] 人のしぐさや動きをまねる

G 手先の知能

- [ ] 図画工作、手芸、編み物など手先を使う作業が好き
- [ ] 複雑なものを組み立てる
- [ ] 髪型やメイクをきめる
- [ ] ガーデニング、花や植物、フィッシングなど物と触れ合う
- [ ] 料理、パン焼き、ケーキ作り、あやとり、折り紙など細かい作業
- [ ] マッサージをする

H 対人的知能

- [ ] 水泳など一人で運動するよりも、団体競技をする
- [ ] 仕事や学校、地域のボランティア活動など、社会とかかわりを持つ
- [ ] みんなをまとめる
- [ ] 注意深く相手の話を聞く
- [ ] 子どもと一緒に無邪気に暴れて遊ぶ
- [ ] 人によく相談される

I　内面的知能

- [ ] 自分にできること、できないことを予測する
- [ ] 一人で仕事をする
- [ ] 自己啓発書を読む
- [ ] 自分の気持ちや行動の理由をよく考える
- [ ] 賑《にぎ》やかな場所よりも静かな場所で仕事をする
- [ ] 妄想や空想をする

J　博物学的知能

- [ ] 植物、動物などの名前をよく知っている
- [ ] 食事やお酒、コーヒーなどのこだわりを説明する
- [ ] 買い物をするときは徹底的に調べる
- [ ] 好きなグッズを収集する
- [ ] 世界遺産、医学、宇宙、星、地球に関する
ドキュメンタリー番組を見る
- [ ] 自然のなかにいると時間を忘れて楽しむ

才能の組み合わせで、ライフワークがわかる！

この診断では、**A～Jのなかで、チェックした数が多かったものから順番に並べてみます。**

1個や2個でも、チェックが多かった順番に並べてください。

チェックした数が多かった人も、少なかった人もいるでしょうが、そこは問題ではありません。**この才能診断で面白いのは、チェックした「才能の組み合わせ」でライフワークの方向性が確認できることです。**

診断の事例を紹介しましょう。

これは実際にAさんが診断した結果です。

(診断例) Aさんの場合

博物学→4つ

論理　→4つ

視覚空間→3つ
（手先2、内面2、数学2、言語2、身体1、対人1、音楽0）

Aさんは、博物学的知能と論理的知能がもっとも高く、その次に視覚空間的知能が高い傾向があります。

博物学と論理の組み合わせは、「多くの選択肢から最適なものを提案する仕事」や「物事を体系化する仕事」が向いています。

知識を整理して、わかりやすく並べ替えたり、既存の要素を組み合わせて新しいものを生み出したりする仕事です。

たとえば、コンサルタントや新しいコンテンツや仕組みを生み出す仕事です。

また、視覚空間的な知能が高いため、ファッションやインテリア、旅行や宿泊先、結婚式場などその人に最適なプランを提案する仕事や、イベントプロデュースや、動画編集などを駆使して映像をつくり出す動画クリエーターなども、向いている職業の候補に入る可能性があります。

もし、ここに手先の才能を加えると、新しい編み方や手術の方法を開発する仕事から、マッサージ手法を開発する仕事、立体的な造形物の創作の仕事など芸術の世界まで視野に入ってくるかもしれません。
ただし、Aさんは対人的知能が低いため、人と接する仕事よりも、一人で行なう職人気質の仕事のほうが楽しいと感じるでしょう。
後述しますが、チェックをつけた才能が複数ある場合は、P201〜205の表で、すべての才能の組み合わせをそれぞれ見ていくと、自分に向いている仕事の方向性がわかりやすくなります。

（診断例）Bさんの場合
対人↓3つ
内面↓3つ
言語↓2つ
身体↓2つ
（音楽1　数学0、論理0、視覚空間0、手先0、博物学0）

Bさんの特徴は、対人的知能と内面的知能が同時に高いことです。

内面的知能だけが高いと、心のなかで深いことを考えているばかりで、人に伝えることができません。少しオタク的といえるでしょう。

一方、対人的知能だけだと、人と一緒にいるのは大好きですが、人の心に届く深い話をすることができません。人なつっこくても、天気や最近の話題のニュースなどの表向きの話ばかりするような人は、このタイプです。


どちらか一方しかない人もいるのですが、2つ揃うと、思慮深く、相手の琴線《きんせん》に触れる話ができるため、「人をよい方向に導く仕事」ができます。

そういった意味で、人の心を動かすセールスマンや経営者、マネジャーなどが向いています。この2つの才能を同時に満たすからです。

Bさんは、言語的知能もあることから、言葉を通して人を導いてあげるような仕事、たとえば、コンサルタントやカウンセラー、学校の先生や教育者なども、ライフワークとして向いているかもしれません。

身体的な知能も他の才能と比べてあるので、スポーツコーチや、健康系インストラクター、スポーツ選手などチームワークの指導者の立場としてもうまくいく可能性があります。

つまり、才能の組み合わせによって、その人のライフワークの方向性が自然と見えてくるのです。

「適職診断」をしてみよう

才能の組み合わせは膨大なため、通常は私が1つずつ分析して伝えていますが、ここではわかりやすく2つの才能の組み合わせで、その人のライフワークのおおまかな方向性を見ていきたいと思います。

チェックをつけたそれぞれの才能を組み合わせて、どんな仕事のタイプがあるのか、該当する項目を見てください。

「言語」＋「視覚空間」の2つの組み合わせの場合は、「言語との組み合わせ」と、「視覚空間の組み合わせ」の項目内をそれぞれ見てみます。

「言語との組み合わせ」は、言語をメインとした仕事、「視覚空間との組み合わせ」は視覚空間をメインとした仕事のタイプを示しています。

たとえば、「言語との組み合わせ」の仕事だと「言葉を使う割合が高く、視覚や空間にかかわる仕事（ファッション誌編集、旅行やホテル評論家・コピーライター、司会・アナウンサーなど）」となります。

一方で、「視覚空間との組み合わせ」だと「視覚空間がメインで、かつ言葉をサブで使う仕事（イベントプロモーター、ファッション・インテエリアコーディネーターなど）」となります。

どちらの才能をメインとするかによっても、方向性が変わりますので、コインの表と裏を見ることで、自分の方向性により立体的に気づきやすくなります。

どちらかがしっくりくる、両方合わせると、さらによくなることもあるでしょう。今回の例は代表的なものですので、2つを見ているうちに、文章にはない言葉やイメージが浮かんでくる人もいるかもしれません。

いずれにしても、チェックしたすべての才能の組み合わせを見ているうちに、自分の方向性が自然と理解しやすくなっていきます。

才能の組み合わせでわかる適職リスト

■ 言語との組み合わせ

言語＋論理	言葉でわかりやすく伝える仕事 （ビジネス文書、メール、ブログ、書籍の編集など）
言語＋数学	言葉がメインで数字を使う仕事 （投資評論、経済学の解説者、数字を使うプレゼン、仮説の証明など）
言語＋視覚空間	言葉がメインでイメージや空間を表現する仕事 （ファッション誌編集、旅行・ホテル評論家、司会・アナウンサー、ゲーム実況など）
言語＋音楽	言葉で音楽を伝える仕事 （音楽解説、音楽に合わせてナレーションする仕事、ラジオ、音楽雑誌など）
言語＋体	言葉でスポーツや演技を解説する仕事 （スポーツ解説、フィギュア、ダンス、舞台評論家など）
言語＋手先	言葉で手の動きを解説する仕事 （楽器演奏や芸術の評論家、コメンテーター、解説者など）
言語＋対人	人前で言葉を駆使する仕事 （政治家、講演家、演説家、学校の先生、芸人、実演販売士など）
言語＋内面	言葉で人の心を表現する仕事 （詩人、俳句、習字、朗読、講談師、声優、小説家、脚本家など）
言語＋博物	言葉で幅広い知識を伝える仕事 （数多くの商品、サービスのメリット、デメリットを伝える仕事など）

■ 論理との組み合わせ

論理＋言語	言葉を使った学問や知識に関する仕事 （言語学、弁護士、プログラミング学、サイエンスライターなど）
論理＋数学	数字を使った学問に関する仕事 （数学者、天文学者、統計学者、金融工学、データサイエンティストなど）
論理＋視覚空間	イメージや空間の学問をベースにした仕事 （建築家、工業デザイナー、機械設計、色彩心理学など）
論理＋音楽	音楽に関する学問を扱う仕事 （音大の教授、声楽理論、音響研究、音の分析、音マーケティングなど）
論理＋体	体の動きに関する学問を扱う仕事 （スポーツ科学、義足やロボット開発、医療・リハビリ研究など）
論理＋手先	手先に関する学問を扱う仕事 （分子ガストロノミー、外科医、精密工学、芸術工学など）
論理＋対人	人と接する学問を扱う仕事 （コミュニケーション科学、リーダーシップ学、社会行動心理学など）
論理＋内面	心理的な学問を扱う仕事 （心理学、脳科学、認知科学、神経心理学、認知行動療法など）
論理＋博物	多くの情報をまとめて学問にする仕事 （自然学者、歴史学、文化人類学者、科学者、研究者など）

■ 数学との組み合わせ

数学＋言語	数学や計算がメインで言葉を使う仕事 （数学・数独本の編集、税理士・会計士の通信講座、そろばん塾テキストなど）
数学＋論理	戦略的に数字を使う仕事 （アナリスト、トレーダー、IT 系、AI 開発、データ分析など）
数学＋視覚空間	空間を数字で表現する仕事 （AR アプリ、VR プログラマー、自動運転、地図物件アプリなど）
数学＋音楽	数字的に音楽にかかわる仕事 （音楽のマーケティング、音響分析、生成 AIによる合成声アプリ開発など）
数学＋体	体の動きを数値化する仕事 （選手のパフォーマンス分析、血圧などの医療測定、運動シミュレーション）
数学＋手先	数字で手先の動きにかかわる仕事 （手先に関するシミュレーション、ロボット開発、コントローラー開発など）
数学＋対人	数学や計算がメインで対話にかかわる仕事 （データ分析アドバイザー、対話ロボ開発）
数学＋内面	数学や計算がメインで人の心にかかわる仕事 （感情アナリティクス、目標管理アプリ、認知分析、心理統計など）
数学＋博物	数字で森羅万象、膨大な商品を分析する仕事 （ビッグデータ分析、マーケティングなど）

■ 視覚空間との組み合わせ

視覚空間＋言語	イメージや空間がメインで言葉を使う仕事 （イベントプロモーター、服飾・インテリアコーディネーターなど）
視覚空間＋論理	論理的にイメージや空間を作り出す仕事 （イメージや空間の演出、都市開発、ファッション、イベントプロデュースなど）
視覚空間＋数学	イメージや立体的なものに数字を扱う仕事 （洋服の採寸、設計、空間の計測・測量、数字をテーマにした写真・動画など）
視覚空間＋音楽	映像や空間がメインで音楽にもかかわる仕事 （イベント・フェス・店舗スタッフ、サロン、動画の編集など）
視覚空間＋体	体の動きに根ざしたイメージや立体的なものを扱う仕事 （着やすい服飾デザイン、リラックスできるインテリアや導線の設計など）
視覚空間＋手先	イメージや空間の中で手先を動かす仕事 （フラダンサー、創作ダンス、影絵ショー、腹話術などの細かい芸）
視覚空間＋対人	視覚的な刺激の中で人に触れ合う仕事 （星空、ガイド、ホテル、ホールスタッフなど）
視覚空間＋内面	イメージや空間を通して人の心に影響を与える仕事 （イベント、コンサート、空間演出、ファッションコーディネーターなど）
視覚空間＋博物	イメージや空間の中でたくさんのものに触れる仕事 （ファッション・美術品バイヤー、観光業、不動産など）

■ 音楽との組み合わせ

音楽＋言語	音楽がメインで言葉を使う仕事 （歌手、オペラ、ミュージカルアクターなど）
音楽＋論理	論理的に音楽を扱う仕事 （音楽を組み合わせた演出、楽器や歌の指導など）
音楽＋数学	数字を使って音を出す仕事 （コンピュータサウンドクリエーター、音声合成など）
音楽＋視覚空間	音楽がメインでイメージや空間にかかわる仕事 （コンサート演出、プロデュース、美術音楽演出、広い空間での音楽演奏など）
音楽＋体	音楽がメインで体を使う仕事 （ドラマー、ギタリスト、韓流アーティスト、バックダンサーなど）
音楽＋手先	音楽を手先で表現する仕事 （ピアノ、オーケストラ、指揮者、楽器演奏者、クラブ DJ など）
音楽＋対人	人前で音楽を披露する仕事 （ディナーショー、カラオケスナック、音楽アーティストなど）
音楽＋内面	音楽で人の心に携わる仕事 （リトミック、作曲家、クラシック、ウェルネスミュージックなど）
音楽＋博物	多くの音楽を披露する仕事 （音楽評論家、音楽 YouTuber、曲を組み合わせる作曲家、有名曲をカバーする演奏者など）

■ 体との組み合わせ

体＋言語	体を使うことがメインで言葉を使う仕事 （スポーツ指導、演技指導、ダンス、ヨガなど）
体＋論理	論理的に体を動かす仕事 （戦略系スポーツ、ロジカル筋トレ、運動トレーナーなど）
体＋数学	数字と関連して体を動かす仕事 （エクストリームスポーツ、ダイバー、タイムキーパー、配達員、集金業務など）
体＋視覚空間	体の動きと視覚的な刺激がある仕事 （移動が多く複数の空間を感じられる、ゴルフやサッカーなど空間を認識するスポーツ）
体＋音楽	体がメインで音楽に携わる仕事 （エアロビクス、ジムインストラクター、アクションショー、大道芸など）
体＋手先	体がメインで手先を使う仕事 （スポーツ系、大工、アクション俳優、舞台俳優、殺陣師など）
体＋対人	チームプレイで体を動かす仕事 （団体スポーツ、ダンス、一人ではなく一緒にいろいろな場所に移動できる仕事など）
体＋内面	内面に向き合って体を動かす仕事 （スポーツコーチ、指導員、演技指導、一人で行うスポーツなど）
体＋博物	たくさんの知識を持って体を動かす仕事 （スポーツトレーナー、ダンストレーナー、演技コンサルタントなど）

■ 手先との組み合わせ

手先＋言語	手先を動かしながら教える仕事 （職人の指導、趣味・手芸・楽器演奏の指導、美術教師など）
手先＋論理	手順やしくみに従って手先を動かす仕事 （絵や料理の手順、陶芸の作り方、手芸･編み物、農林水産業など）
手先＋数学	手先で数字を使う仕事 （数字入力／タイピングを必要とする仕事など）
手先＋視覚空間	立体的に手先を動かす仕事 （絵を描く動画、遠隔手術、ドローン撮影、彫刻、芸術的な調理など）
手先＋音楽	手先を使って音楽にかかわる仕事 （楽器の制作、音の調律士、音のミキサーなど）
手先＋体	手先がメインで体を使う仕事 （マッサージ、美容系、重機操作、修理業、修復など）
手先＋対人	人と会話しながら手先をメインに使う仕事 （手芸･美術教室、料理教室、釣り教室、マッサージ、美容師など）
手先＋内面	心に寄りそって手先を使う仕事 （スパセラピスト、自然食・薬膳料理、芸術アートなど）
手先＋博物	たくさんの知識や技術を持って手先を使う仕事 （メニュー豊富なマッサージ、美容院、美術教室、模型教室など）

■ 対人との組み合わせ

対人＋言語	人と積極的にコミュニケーションする仕事 （営業、接客・サービス業、ギャルソン、相談窓口など）
対人＋論理	人にわかりやすく教える仕事 （教師、先生、講師、SNS インフルエンサー、ガイド、販売員など）
対人＋数学	対話がメインで数字を使う仕事 （算数の先生、銀行窓口、会計士、税理士など）
対人＋視覚空間	イメージや立体的なものを介して人と話す仕事 （ファッションコンサルタント、不動産、インテリアコーディネーターなど）
対人＋音楽	人と会って音楽にも触れられる仕事 （カフェでの商談、アーティストマネージャー、イベントスタッフなど）
対人＋体	体を使って人とコミュニケーションする仕事 （接客・サービス業、幼児教育、社会福祉サービスなど）
対人＋手先	手を使って人とコミュニケーションする仕事 （手話、指揮者、モールス信号、飛行機のナビゲーターなど）
対人＋内面	深い部分で人とコミュニケーションする仕事 （トップ経営者、マネージャー、コンサルなど）
対人＋博物	いろいろな人と会う仕事 （営業、取材、インタビュー、人材紹介など）

■ 内面との組み合わせ

内面＋言語	心の問題を言葉で改善する仕事 （教育、産業、相談員、心理士、言語聴覚士など）
内面＋論理	内面を論理的に扱う仕事 （学者ではないが、心理に関する論理的なデータを扱う仕事など）
内面＋数学	数字を使って人の悩みを改善する仕事 （データカウンセラー、データ組織改革、数秘術（占い）、ビッグデータコンサルなど）
内面＋視覚空間	イメージや空間を通して心の問題を改善する仕事 （風水師、アート・カラーセラピー、牧師・宮司など）
内面＋音楽	音楽で人の悩みを解決する仕事 （音楽療法、ヒーリング音楽、シンギングボウル、サントラ製作など）
内面＋体	悩みを体のしくみを使って解決する仕事 （スポーツ心理士、ヘルスコーチ、減量カウンセラーなど）
内面＋手先	手先を使って心を調整する仕事 （生花、茶道、書道、ぬり絵カウンセラーなど）
内面＋対人	深い部分で人を導く仕事 （脳と心のしくみを人に教える、メンタルコーチなど）
内面＋博物	最適な悩み解決法を提供する仕事 （世界の心理手法の紹介、感情コントロール法、性格改善法など）

■ 博物との組み合わせ

博物＋言語	膨大な情報を分類して言葉で伝える仕事 （まとめサイト、図鑑・大全・辞書作製など）
博物＋論理	多くの情報を組み合わせて新しいものをつくる仕事 （戦略コンサルタント、新メソッド開発、特許、発明、画期的なサービス）
博物＋数学	膨大な情報を数字で表現する仕事 （分類した情報データの優先順位化、数値化、グラフ化など）
博物＋視覚空間	視覚空間的なものを分類する仕事 （世界遺産、美容・ファッション診断、医療、美術鑑定士、偽物鑑定士など）
博物＋音楽	大量の音楽を分類する仕事 （音楽評論家、音楽ショップ、音楽まとめサイトなど）
博物＋体	体の動きを分類する仕事 （スポーツ選手の分類、動きを体系化、ストレッチ、運動法の分類など）
博物＋手先	手の使い方を分類する仕事 （料理法の分類、手芸テクニックの分類、美容スキルの分類など）
博物＋内面	心の使い方を分類する仕事 （心理手法、営業法、成功法の分類など）
博物＋対人	人に会って最適なものを提供する仕事 （マネープラン、商品、サービス、旅行など）

ワーク
5

自分に「向いている仕事」を探す

すべての仕事は「20の要素」で、できている

ここまで、才能の組み合わせによってライフワークがわかることを解説してきましたが、実は、仕事そのものも要素の組み合わせからできています。

それは次の20の要素になります（図5-1）。

すべての仕事は、これら20の要素の組み合わせからできているのです。

たとえば、

弁護士は「守る＋言語」

医師は「科学＋健康＋守る」

芸術

ファッション

福祉

ホビー

図5-1 すべての仕事を構成する20の要素

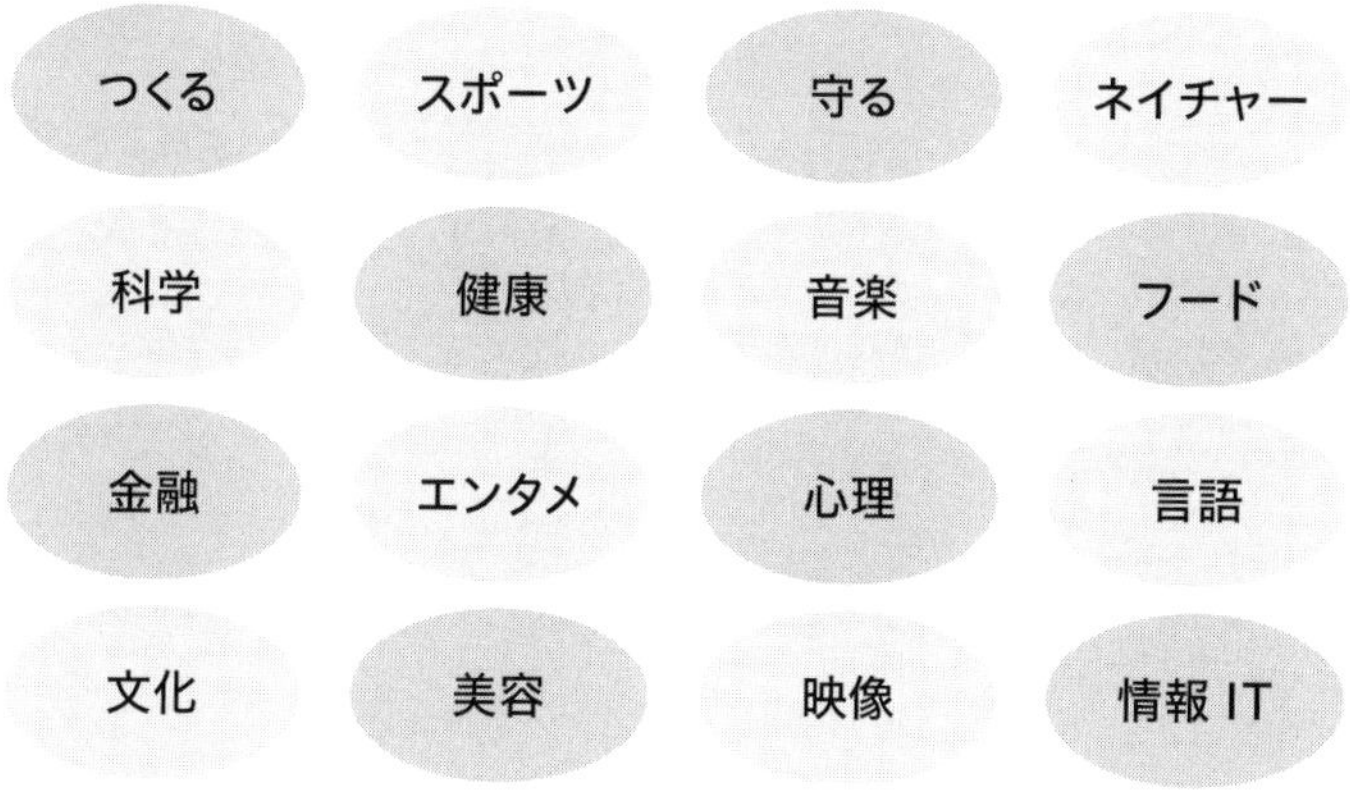

マッサージ師は「美容＋福祉＋健康」
時計技師は「つくる＋文化＋ホビー」
お笑い芸人は「言語＋エンタメ」
スポーツコーチは「スポーツ＋心理＋言語」
ユーチューバーは「言語＋映像＋情報ＩＴ」
お笑い芸人は「言語＋エンタメ」
ジャズバーは「フード＋音楽＋エンタメ」
庭師は「ネイチャー＋つくる＋守る」
保険営業は「言語＋金融＋つくる＋守る」
と、こんな具合です。

第3章では「動詞」をキーワードに、ライフワークの原石を探りました。

この20の要素も、ライフワーク探しの手がかりになります。

そこで質問です。

質問①
20の要素から、心に響くもの、気になるものに○をつけてみてください。いくつでも構いません。これは、職業のジャンルにあたるものです。
質問②
抜き出した要素を満たす職業がないか、考えてみましょう。
質問③
抜き出した要素を組み合わせ、「新しい仕事」をつくれないか、考えてみてください。

なかでも、意外な新しい自分の可能性に気づけるのは、質問3だと思います。

20の要素を、しかも何個組み合わせてもいいとなると、組み合わせの数はほとんど無限です。

「この要素とこの要素を組み合わせると、しっくりくる」

「こんな要素を組み合わせたら、こんな新しい仕事ができそうだ」

と気づき、ライフワークが具体的に浮き彫りになることがあります。

たとえば、「ネイチャー＋ホビー＋映像」の要素を含む仕事として、「ドローン撮影」という仕事が出てきた人がいました。

その人は、もともとドローンが好きな人で、趣味としてドローン視点の映像が見えるゴーグルをつけてレースを楽しむ人でした。

「自分は、どの仕事に向いているのかわからない」と言っていましたが、「ネイチャー＋ホビー＋映像」の3つの要素を含む仕事を聞いてみたところ、その方の口から出てきたのが、「ドローン撮影」でした。

以前はあまり需要がありませんでしたが、今では依頼が殺到しているそうです。

こんな仕事も、存在を知らなければ「なろう」と思い立つことはなく、ライフワークにできる可能性はゼロのままです。

大切なのは、常にアンテナを張り、仕事に関する情報をインプットし続けることです。

どんな仕事が世の中にあるのか、924種類の職種についてまとめたものが私のnoteのサイト内にありますので、興味のある人は確認してみてください。
気になるものをチェックすることで、仕事の組み合わせは無限にできます。

https://note.com/taknishi/n/n42ad71d63e70

（今後も新しい仕事を更新していく予定です）

これまでのワークで、「ライフワークの原石」「タイプ」「才能」を明らかにしてきましたが、この状態でこの職種リストを見ると、見え方がまったく違ってくるはずです。

注目バイアスの働きで、なぜか「気になるもの」が目に飛び込んでくることがありますので、気になるものをすべてチェックしてみてください。

気になるもの、そのものがライフワークにつながったり、チェックした職業に共通点があることを発見したり、気になる仕事同士を組み合わせることで、新しいライフワークの形があることに気づける場合があります。

ぜひ、ゲーム感覚で楽しみながら実践してみてください。

ワーク6

「3つのバランス」を確認しよう

ライフワークを嫌いにならないために

ライフワークが見つかった方、やりたいことの方向性がわかってきた方、おめでとうございます。

著者として、読者の方々のお役に立てることほど嬉しいことはありません。

だからこそ、読者の方々に伝えておきたいことがあります。

残念なことに、ライフワークを手に入れたにもかかわらず、幸せを感じられない人が、一部います。

ライフワークは、幸せになるための1つの手段だったはず。

それなのに、なぜそんな事態が起こるのでしょう？

多くの場合、原因はバランスにあります。

バランスには、大きく3種類があります。[*7]

1つ目は、「人間関係のバランス」です。

たとえ大好きな仕事や趣味でも、高圧的な上司や、人の悪口ばかりのコミュニティに一日中一緒にいなければならない環境では、しんどいでしょう？
どんな人といればストレスを感じにくいか、どんな人間関係を築きたいか。誰しも理想とする人間関係があります。

2つ目は、「時間のバランス」です。

たとえば、仕事の内容には１００％満足していても、スケジュールが分刻みで決まっていて、自分の時間が一切持てないとしたら、いくらライフワークでも嫌いになってしまいます。
私は本来、書籍を書くのが大好きですが、瞬間的とはいえ3冊の執筆が重なったときは、さすがに疲弊して自分でも驚きました。
時間の使い方にも、人それぞれの理想があるのです。

3つ目は、「お金のバランス」です。

仕事内容に100%満足していても、生活水準を維持できないほど、収入が得られなかったらどうでしょうか?

いつか一発逆転してお金持ちになれる可能性があるならともかく、最低限の生活水準すら満たせないようでは、幸福度が上がらない場合があります。

人間関係のバランス、時間のバランス、お金のバランス。この3つのバランスを明確にすることが、ライフワークを見つけるのと同じぐらい大切になります。

そこで、次のページの円グラフに今の自分が3つのバランスをどれくらい満たせているかを10点満点で評価し、それぞれの理想の状態(10点の状態)を、メモしてください(図5-2)。

人間関係の枠には、どんな人と仕事をしたいか、どんな上司や部下、お客様、サポートしてくれる人と付き合いたいか、などを書き込みます。

たとえば、仕事だけの付き合いと割り切れる人がいいという方もいますし、切《せっ》磋琢磨《さたくま》して一緒に成長できる刺激のある人といたいという方もいます。

図5-2 ライフワークの3つのバランス

〈理想の状態〉

人間関係	時　間	お　金
10　点	10　点	10　点
仲間やメンバーと一緒に成長したい ・ ・ ・ ・ ・ ・	残業は、月○時間以内に納めたい ・ ・ ・ ・ ・ ・	月に手取り○○円は欲しい ・ ・ ・ ・ ・ ・

〈現在の状態〉

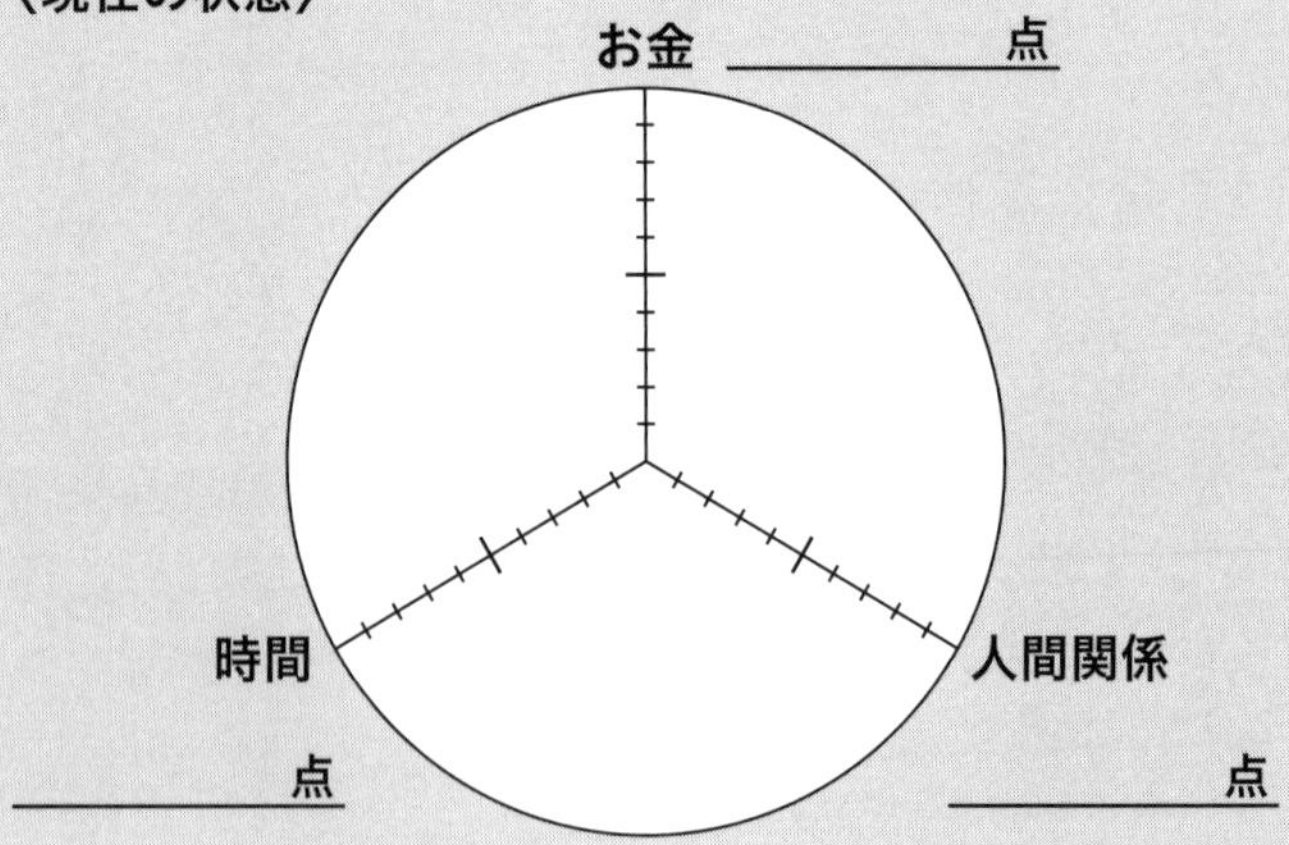

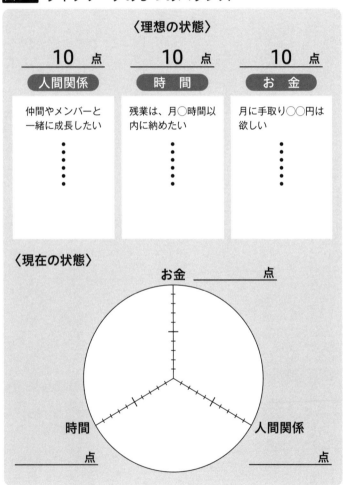

自分にとっての理想の人間関係を書き出してみてください。

時間の枠には、

「理想的に週◯日は働いて、◯日は休みたい」

「仕事だけでなく、◯◯の時間がこれくらいほしい」

「朝◯時に起きて、◯時に眠れる生活」

などと、理想の時間を書き出してみましょう。

お金の枠には、「これだけあれば、やりたいことは全部できる」とワクワクするような、理想の収入を書き込んでください。

以上3つのバランスを満たすことができれば、ライフワークの質をより高めることができます。


たまに、社会的には成功しているのに、なぜか幸せそうに見えない人たちを見かけることがあります。

彼らの不幸せの原因は、3つのバランスの軽視かもしれません。

たとえば、お金はあるけど使う時間がなく、人に裏切られてばかり……、これでは、どれだけ好きな仕事をしていても、幸福とは言い難いかもしれません。

転職活動の失敗もそうです。

大好きな仕事でも、年収を軽視すれば、それは「やりがい搾取《さくしゅ》」につながります。職場の人間関係、残業の多さなどを確認しないまま転職を決めてしまうと、好きだった仕事が嫌いになるかもしれません。

せっかく見つけたライフワークを嫌いにならないためにも、「人間関係・時間・お金」のバランスも事前に把握しておくと、人生の満足度が高まります。

この3つの要素を書き出すだけで、今の仕事をもっとこうしたいと思えたり、理想の仕事がよりわかりやすくなって、出会う人や仕事まで変わってくる人も出てくるでしょう。

ワーク7

「メメント・モリ」で人生の優先順位を明らかに

明日死ぬとしたら、何がしたいですか？

これで、「やりたいこと」探しのワークも最後になります。

ライフワークの形がまだはっきりわからないという人も、次のワークをやってみると、一気に理解が深まることがあります。

突然ですが、こんなことを考えてみてください。

「もし、1週間後に死ぬとしたら、何がしたいですか？」

1週間後、あなたはこの世から消えてしまいます。

人生に悔いが残らないよう生きるとしたら、あなたは何がしたいですか？

このとき、お金はいくらでも無限に使うことができます。

どんなくだらない思いつき、些細なことでも大丈夫です。

「ライフワークにふさわしいものを考えなくちゃ」と張り切る必要も、一切ありません。

1週間後にはこの世からいなくなってしまいますので、とにかく人生に悔いを残さないよう、直感的にやりたいことを書き出してみてください。たとえば、

- 一度食べてみたかった〇〇を食べてみたい
- 海外や日本の〇〇に行ってみたい
- 〇〇を買ってみたい
- 〇〇で暮らしたい
- 〇〇に会いたい、感謝の気持ちを伝えたい
- 〇〇を体験してみたい
- 〇〇を見てみたい
- 〇〇を飼ってみたい
- 憧れの〇〇に会ってみたい

▒〇〇を開きたい、オープンさせたい……

どんな答えでもOKです。
これだけ実現できたら、死んでも悔いはない。あくまでも理想でOKです。
箇条書きでけっこうですので、できる限りたくさん書き出してみてください。
十分に書き出すことができたら、次の質問に答えてみてください。

質問2「死ぬまでに3カ月あったら、何がしたいですか」

この質問についても、先ほどと同様に答えてみてください。
以降の質問も、同様です。

質問3「死ぬまでに1年あったら、何がしたいですか」
質問4「死ぬまでに3年あったら、何がしたいですか」
質問5「死ぬまでに20年あったら、何がしたいですか」

いかがでしたか？

似たような質問ばかりで戸惑った方もいるかもしれませんが、これにはある狙いがあります。

それは「人生を通して、死ぬまでに自分が本当に実現したいこと」を明らかにすることです。

ラテン語で「メメント・モリ」という言葉があります。

日本語では「死を思え」と訳されます。

「自分は、いつか必ず死ぬ。その事実を忘れるな」

この言葉を意識することで、「人生の残り時間を定めると、何が自分にとって大切なのか？」を見つめ直すことができるのです。

たくさんの人に、この質問の回答をもらいましたが、必ず、1週間から20年後のなかに、自分のやりたいことのヒントが含まれています。

たとえば、この質問に答えると「海外」に関するワードばかり出てくる人がいます。「イタリアの建造物を見てみたい」「スペインの世界遺産を訪れてみたい」

「ニューヨークのティファニーに入ってみたい」……、このような人は海外の要素に触れることが、ライフワークで大事だとわかります。

また、「ファッションや花など色に関する言葉」ばかりが出てきたり、「人と会うこと」「スポーツ関係」の要素が多い人、「動物や自然保護」の言葉が多い人から、「静かな癒される空間」の要素が多い人、「音楽イベント」「美味しい食事」ばかりが出てくる人もいます。

また、一度しか出てこないワードでも、これができたら最高に幸せだと思えるものもあります。

実は、これがあなたの「やりたいことの方向性」を示しているのです。

なぜなら、この質問は1週間、3カ月、1年……と、死ぬまでの猶予が長くなるほど、より本質的な回答が出てくる傾向があるからです。

たとえば、20年後までに「世界の貧しい子どもたちを助ける財団をつくりたい」という一文を書いたとします。

壮大な目標で叶うかどうかはわかりませんが、少なくとも、ライフワークの方向性はわかるはずです。

そこから、「地域の子どもたちの未来への貢献」という身近な活動から始め、「まずは、子ども食堂を開く」といった具体的な目標に結びつくでしょう。

なかには、「今と変わらない日常が続けばいい」と出てくる人もいます。

もちろん、それでもOKです。

つまり、今の生活が「やりたいこと」だとわかった、ということですから。

以前、ビジネスで活躍されている若い女性経営者の分析をしたことがありました。

その女性は「仕事で成功しているのに、何かが物足りない」と口グセのようにおっしゃっていました。

そこで、今回の診断をしてみたところ、最初の1週間から1年までは仕事のことばかりが出てきましたが、3年後から突然、出てくるものが大きく変わりました。それが、

「結婚して、子どもを育てたい」

という答えだったのです。

ご自身も、自分の口から出てきた言葉にビックリしておられました。

でも、彼女が本当に求めていたことは、子育てだったのです。

思えば、小さい頃から温かい家庭に憧れていたが、忙しい日々を送るなかで、このことを忘れていたそうです。

その方は、このことに気づいてから数年後に結婚し、今では仕事も家庭も充実しているそうです。


1年後、3年後、20年後の死を想像すると、

「自分の人生で何を成し遂げたいのか」

につながる回答が、ポロリと出てきます。

私たちが本当に「やりたいこと」は、忙しい日々のなかで忘れられがちですが、死を意識することで望んでいるものが見えてくることがあるのです。

第6章

「好き」を見つける小さな習慣

習慣 1

「ライフワークの原石」を1つ実行する

第3章で、あなたは「77の動詞」から、どんな動詞を選びましたか？

選ぶ動詞は、その人の個性そのもの。本当に人それぞれです。

あなたが選んだ動詞は、自分を見つめ直すきっかけになります。


たとえば、自分は「整理する」という動詞が好きなんだ。

そう自覚すると、脳の注目バイアスの効果で、日常生活のあらゆるシーンで、その動詞に関係する情報が飛び込んできます。

映画を見ていても、「無意識に登場人物の関係を整理している自分」に気づくかもしれません。

あるいは、食事のお皿を後片づけしていて、気づけば「同じカテゴリーのお皿に分類していた」などと、「整理することが好き」という自分の性質を自覚できるようになるのです。

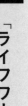

このような気づきが積み重なるほど、「自分はこういうことが好きなんだ」という自己理解が深まり、よりライフワークに近づいていきます。

私自身、仕事をしていて興味深い体験をします。

私は「超える」という動詞が大好きです。実際に私は、企業のリーダーや教育界の先生に、脳のしくみと才能を引き出すコーチングの手法を教える活動を通じて、自分やクライアントが「限界を超える」ことに満足感を覚えます。

すると不思議なことに、講演会をしても研修を行なっても、超えることに共感する人や興味を持つ人が集まってきました。

ベンチャー企業の経営者や自営業者、記録更新を狙うスポーツ選手などです。

つまり、動詞にフォーカスして活動すると、同じ価値観に共鳴する人が集まり、仕事がうまくいく上昇スパイラルに入ることができるのです。

昔から、「思考は現実になる」など、心理学でも自己成就的予言という現象が知られてきました。[*1]

これは、選んだ動詞に近い活動をしていると、それに魅力を感じた人が引き寄せられて、現実化する仕組みがあったからかもしれません。

ここで1つ、より好きなことに気づきやすくなって「やりたいこと」が発見しやすくなる面白いゲームを紹介しましょう。

第3章で選んだ、「ライフワークの原石」となる77の動詞のうち、7〜10個をカードにします。

そして、毎朝カードを1枚だけひき、そこに書かれた動詞を実践してみます。

たとえば「プレゼントする」カードを引いたなら、必ず誰かへのプレゼントを考えてください。

「組み合わせる」というカードを引いたら、たとえばブロックを組み合わせてみたり、「暑い日に白ワインと組み合わせたい料理は？」などと考えてみます。

あなたの感情が満たされる動詞を実践することで、好きに対する感度を上げてほしいのです。

すると、「やりたいこと」がより早く見つかる確率が高くなります。

習慣 2

旅に出てみよう

私たちは仕事や人間関係など、自信を失うと視野が狭くなることがわかっています。[*2]

視野が狭くなると、ストレスばかりに目が行き、やりたいことがわからなくなってしまうでしょう。

しかし、場所を変えることで気分が変わり、問題が小さく見えたり、「こんな方法があったのか！」と気づいたことはありませんでしたか？

これには脳の海馬にある「場所細胞」の働きがかかわっています。[*3]

場所細胞とは、場所や空間を把握する役割をもった細胞です。

特定の場所にいるときに発火するのですが、同じ場所にい続けると慣れてしまい、発火しなくなるという性質を持っています。

ところが、今いる場所から移動すると再び発火し、それにつられて脳が活性化するのです。

見逃せないのは、近年の研究でわかった「場所細胞の活性化は、海馬と脳の司令塔でもある前頭前野の一部の活性化と連動する」という事実です。[*4]

前頭前野は、感情にブレーキをかける場所でもあります。

ここが活性化すると、不安な気持ちを客観視できて、マイナスの感情が消えていくため、自分を冷静に見ることができるようになります。

つまり、視野が広がるのです。

心理学では、この現象を「オーバービューエフェクト」と呼びます。[*5]

宇宙から地球を眺めた宇宙飛行士が、「人類はなんてちっぽけなんだ」という感想を漏らすのを聞いたことがありませんか？

これは、オーバービューエフェクトの典型です。

地球の外から自分を眺めるように、自分の内面や経験したことから距離をとると、それらを客観的に見ることができる。そんな効果です。

この状態にある人は、物事を多角的に幅広い視野で見ることができます。

「人は、自分の適性や能力をよくわかっているようで、そうではない」とは、以前にも説明した通り。

他人のほうが客観的で、自分という人間を正しく評価できるのですから、オーバービューエフェクトによって、「内観幻想」から抜け出し、「他人の視点で、自分を見る」ことで、自己理解が深まるのです。


そこで、定期的に旅行をすることをおすすめします。

旅という非日常を味わうことで、日頃の自分を相対化し、それまでの考え方がリセットされるでしょう。旅先で、

「どうして、こんなにちっぽけなことで悩んでいたのだろう？」

という感覚になるのは、そういう理由です。


近所の公園に出かけたり、お気に入りのカフェに出かけるだけでも、オーバービューフェクトは起動します。

あれこれ悩んでいるなら、部屋にいないでとりあえず外へ出てみましょう。

ちなみに、普段働いている座席から離れて、コワーキングスペースで仕事をするだけでも気分が変わります。

立ち上がってコーヒーを淹《い》れたり、同僚たちとおしゃべりするのも同じ効果があるのです。

いずれも、場所細胞を含む脳の広い範囲が発火し、脳が活性化するために起こる現象です。
近年は脳の報酬系でもある線条体が活性化することも報告されています。[*6]
まずは冷静に自分を理解したければ、「場所を変える」。
これを覚えておいていただけると嬉しいです。

習慣3 「寄り道」をしてみよう

場所を変える応用編としておすすめしているのが、「寄り道をすること」です。

現代の世の中では効率を求めるあまり、動画まで時短のために倍速で見るなどする若い方々も多いと聞きます。

仕事や学習を効率的に進めるにあたっては、メリットも多いでしょう。

しかし、第1章でも説明したように、一見ムダに思えるようなことが、「好き」の発見につながり、「やりたいこと」を見つける近道になることがあるのです。

たとえば、もともと学校の体育の教師を目指していた男性が、ある演劇クラスを、履修の義務として受講しました。そのとき、「演技って、運動よりも面白い！」と演劇にハマっていったのが、今や『Xメン』など世界的なハリウッド俳優として有名なヒュー・ジャックマンです。

会社を3日で辞めて、自分はダメ人間だと思っていた人が、フリーター生活中に出合った東洋思想の本に感銘を受けて、不遇な待遇で虐《しいた》げられていた派遣社員のために派遣会社を設立。

今では、年商30億円を超える会社にまで急成長したという事例もあります。

世界の偉人でも、ウォルト・ディズニーやレオナルド・ダ・ヴィンチ、ココ・シャネル、オードリー・ヘプバーン、エイブラハム・リンカーンなども本業に辿り着くまでに、複数の職業を経験したといわれています。

多くの人は「成功」とは、一直線に進んで得られるものだと思っています。道を逸《そ》れることは非効率に見えるでしょう。

しかし、実はこの寄り道こそが、その人にとっての最短コースだったりするのです。

これを私は「寄り道の法則」と呼んでいます。

私の人生にも、さまざまな寄り道がありました。

大学で研究をしていた頃も、国家公務員時代のときも、「何かが違う」という違和感を抱え、苦しんでいた時代がありました。

しかも、30代前半で難病を宣告されたときは、逆にライフワークから遠ざかっているようで、絶望すら感じました。

でも、今振り返れば、これらにはすべて意味があったことがわかります。

私の現在の仕事は、大学院時代に分析する力が鍛えられたこと、公務員時代に言葉で人にわかりやすく伝える力を養えたこと、そして、病気という挫折を通して人を思いやる気持ちを育《はぐく》めたこと、そのすべてが今の仕事に生かされています。

その当時はわけもわからず進んでいましたが、後になって振り返ると、今の仕事へ辿り着くための最短コースだったことに気づくことができました。


ですから、もしも今やっていることが、目標へと一直線に進んでいるように思えなくても、自分を責めないでください。


たまには、横道にそれることもあるでしょう。

時には、後退しているように感じるときもあるかもしれません。

しかし、寄り道することで、自分が知らなかった世界や新しい自分の本質を発見できます。

時短も大切ですが、たまには関係ないと思える遊びも体験すると、意外な方向に人生が進むことがあるので、ぜひ意識してみてください。

習慣4

「やりたくないこと」を言語化する

第1章で、「違和感を大切にしてほしい」と話しました。

「これは自分に向いている」というフィット感ではなく、「向いていないかも」という違和感のことです。

これは、「好き」を探す強力な手がかりとなります。なぜなら、その逆が「好きなもの」だからです。

「何を当たり前なことを……」と思われるかもしれません。

しかし、自分が「嫌いなもの」を明確に言葉にしようとすることは、日常生活で意外と少なかったりします。

違和感からもう一段階掘り下げて「自分が絶対にやりたくないこと」を書き出してみましょう。すると、面白いことに気づくことがあります。

たとえば、

「単純作業を繰り返す仕事はしんどい」

「太りたくない」

「自由に海外に行けないのは嫌だな」

といった項目が出てくるとします。

すると、

「クリエイティブな仕事をやりたい」

「体を動かし、健康的な食事環境をつくりたい」

「海外でも働ける、もしくは長期休暇を取りやすい職種に就きたい」

といったことが出てくるかもしれません。


単純なようですが、「自分は何が好きで、何が嫌いなのか」といった「自分の価値観を言葉にする作業」をすることで、自分が本当に望むものを把握できるようになります。

特にポジティブな言葉があまり出てこない人に、「やりたくないことは何ですか？」と聞くと、湯水のようにマイナスなことが出てくることがあります。

これらは決してムダなことではなく、むしろ自己理解を深めることができますので、ぜひ一度書き出してみることをおすすめします。

習慣5 「小さな変化」を取り入れる

第1章で紹介した、コンフォートゾーンを覚えているでしょうか？

コンフォートゾーンとは、自分にとって安心できる行動の領域で、ストレスのない領域のことです。

たとえば、同じ人と付き合い、同じ食事をして、同じ通勤ルートを歩く。こうした「日々の繰り返し」が、私たちの安心感につながることがあります。

ただ、これまで数多くのやりたいことが見つからない人たちを見てきてわかったことは、「やりたいこと」や「好きなこと」が皮肉にも、安定領域の外側にあることが多かったということでした。

ですから、毎日同じ行動をしていると、いつまでたっても「好きなこと」に出合えないジレンマに陥ってしまいます。

それよりむしろ、不安定領域に一度は出てみて、安定領域を広げていくことが大切です。

とはいえ、いきなり慣れ親しんだ環境や習慣を変えるのは、誰にとっても難しいことでしょう。

そんなときに役立つのが、「小さな変化」から始めることです。

- 通い慣れた飲食店で「いつもの」メニューではなく、新しいものを頼む。
- 仕事の帰り道、いつもと違うコースで帰ってみる。
- 映画や動画も、普段見ないジャンル（アクション、ノンフィクション、恋愛、ヒューマンドラマなど）を選んでみる。
- 行きつけのお店のお酒の飲み方を、炭酸割からロックにしてみる。
- 書店でいつもは行かないコーナー（小説、人文、科学、健康、社会、経済、雑誌、写真集など）に行ってみる。
- SNSやインターネットで検索したことがない言葉を入れてみる。

- お風呂に入るとき、普段使わないアロマを焚いてみる。
- アプリや地図に頼らず目的地まで行ってみる。
- 今まで買ったことのない花を飾ってみる。

いきなり大きなことをすると、脳は恐怖を感じますが、こうした小さな変化を体験していると、脳のなかで、変化＝快感に変化するため、安定領域から出ていくことに少しずつ楽しさを感じるようになります。

予想できない新しいことは、脳のやる気のホルモンであるドーパミンを分泌させるのです。[*7]

体験してみて、好きではないと思ったとしても、それは逆に自分は何が好きなのかに気づかせてくれます。

それがプラスの体験であれ、マイナスであれ、いずれにしても、自分の本質を理解するヒントになっていくのです。

習慣
6

新しい人と出合う

また、小さな変化として大切な1つが、「新しい人と出合う」ということです。

私たちは、知らず知らずのうちに他人から影響を受けています。

たとえば、運のよい人と一緒にいると、自分まで運がよくなっているように感じたことはないでしょうか？

逆に運が悪い人といると、自分まで運が悪くなっていくような感覚がするかもしれません。


これは気のせいではなく、「ミラーニューロン」の働きと考えられています。

ミラーニューロンは目の前の人の視覚情報や、しぐさ、息づかい、気持ちや感覚まで、脳内で再現してくれるため、まるで自分までそのような気持ちになってしまうのです。

もらい泣きや、スポーツ観戦をするとプレーしていない自分まで動いてしまうのは、まさに典型的なミラーニューロン現象です。

ですから、「好きなこと」がわからないという人は、もしかすると、「やりたいこと」をやっている人が周りに少ない可能性があります。

「やりたいこと」をしている人を見ているだけで、その人の楽しさや考え方が伝わるため、少なからず、自分の考え方や行動まで変わってきます。

専門用語ではプライミング効果といって、どんな言葉を聞くかで行動まで変わることがわかってきています。[*8]

つまり、好きなことを見つけたいなら、やりたいことをしてイキイキとしている人の近くにいることが一番楽な方法なのです。

とはいえ、「やりたいことをやっている人なんて、自分の周りにはいないよ」という方も、いらっしゃるかもしれません。

そうした方は、動画で探すのも1つの方法です。

幸い、動画サイトには「好きなこと」を仕事にしたり、活躍している人の映像が数多くアップされています。

また、ネットフリックスなどの動画配信や映画でも、いろいろな職業の世界を自宅にいながらにして、体験することができます。

ビジネスとしてやりたいことを見つけたい場合は、成功をおさめている経営者やアスリートのインタビューに特化した番組もおすすめです。

テレビ番組だと、『プロフェッショナル 仕事の流儀』（NHK）、『情熱大陸』（TBS系）、『ガイアの夜明け』（テレビ東京系）など、今活躍中の人の生き方、考え方を紹介する番組が多数あります。

動画だけではありません。

本などの伝記や自伝などを通して、多くの好きなことを仕事にしてきた人たちの考え方に触れることができます。

私は小さい頃、『ファーブル昆虫記』が大好きでした。

ファーブルが、動物の糞を掃除してくれるフンコロガシという昆虫の動きに注目している文章を読んで、「博士はこんな細かい動きまで興味を持って見ているんだ！」「勉強というものは教えられたことを覚えるだけじゃなく、自分でテーマを見つけて追求していくんだ！」という発見と驚きがありました。

そして、今でもこの考え方は私の中にしっかりと生きています。

幼少期に読んだストーリーが、大人になっても息づいているのです。

いい作品に触れると、自分が成長したような気分になるのも、決して「気のせい」ではありません。

大きな挫折を乗り越えて夢を叶えた人のストーリーを見聞きすることで、困難を乗り越える力まで向上していくでしょう。

頭でっかちになって「やりたいこと」を探しても、見つけられないのは、新しい人、そして新しい生き方と出会っていないからなのかもしれません。

私たちは知識よりも、人を通して大きく変わっていきます。

習慣
7

未来だけでなく過去も大切にする

世の中には未来ばかりを見て、「やりたいこと」を探そうとする人がいます。

しかし、自分の過去を振り返ってみるのも、効果的です。たとえば、

「あの頃は、無性に楽しかったな」

「あのとき、なぜかやる気があったな」

「小さい頃、こんなことでよく遊んでいたな」

と思い出されるようなことはありませんか。


過去に好きだったこと、好きだった科目、「なぜか長く続いた活動」などから、ライフワークのヒントが見つかる場合があります。

「三つ子の魂百まで」という言葉がありますが、これまでの15年ほどの研究からも、子どものときに好きだったことのなかには、大人になった自分の「好きなこ

と」に本質的につながっている部分があることがわかっています。

たとえば、私のオフィスにいらした女性で、小さいときに「リカちゃん人形の着せ替えが大好きだった」という人がいらっしゃいました。

なぜ、着せ替えが好きなのかと聞くと、「いろんなバリエーションを組み合わせられるからだ」と教えてくれました。

ちなみに、その相談者の仕事は「旅行プランナー」です。

お客さん一人ひとりの要望にあわせて、さまざまなプランを「組み合わせる」仕事だといえます。

つくづく思うのは、その人の本質は、小さい頃から得たい感情を満たす「動詞」に表れていて、それは大人になっても変わらないということです。

「小さい頃のことは、全部忘れてしまったよ」という場合は、家族や昔遊んでいた同級生などの記憶を頼ってみましょう。

「小さい頃の私って、どんなときに一番楽しそうだったかな?」

と聞くことで、たくさんのヒントを得られることがあります。

また、過去に人からほめられたことにもヒントが隠れています。
２０１５年ワシントン大学のジョシュア・ジャクソン准教授のリサーチでも、「人の意見のほうが正しい」ということがわかっています。[第1章の*35]

６００人に75年に渡る長期リサーチ（心理学研究のなかでも最も長い研究の1つ）をした結果、「親しい友人は、正確に自分の性格を言い当てる（寿命まで予測できるくらい当たっている）」ことがわかったそうです。

人からほめられたことのなかにも、自分の「やりたいこと」が隠されていることがあります。

私たちは長年生きていると、好きだと思えるものが固定化されがちですが、人に聞いてみると意外に当たっていて驚くことがあるかもしれません。

習慣8

家計簿を見直す

美術の専門教育を受けていない芸術家として有名な、ヘンリー・ダーガーという方をご存じでしょうか。

彼は60年ものあいだ、誰にも発表しないまま、自室のアパートで膨大な量の絵と物語を書き続けました。

彼の存在と作品が世に知られたのは、彼の死後のこと。

「誰かに言われなくてもついやってしまう」ことにはすごいパワーがあります。

そして、これよりもすごいことが、「あなたがお金をかけてきたこと」です。

なぜなら、ただやってしまうのではなく、お金をかけてまでしてきた「やりたいこと」のなかには、ものすごいパワーが秘められているからです。

「自分の人生で、一番お金をかけてきたものはなんですか？」

海外旅行、ファッション、ワイン、人付き合い、本、音楽系から学習、資格取得から、食事、美容まで、何でもＯＫです。

当人にとっては「当たり前」であり、特別なことではないと思えることもあるかもしれません。

しかし、その自然とお金をかけてきたことのなかに「好きなこと」が隠されているのです。

一度、自分の人生を振り返って「お金をかけてきたもの」のリスト、家計簿を確認してみてください。

そこから、あなたの「好き」を再発見して驚くことがあります。

習慣9

自分の心に正直になる

私は長年「好きなこと」が見つからない人の原因も調べてきました。

そのなかでも大きなものの1つが、「自分を制限するバイアス」が存在することでした。[*9][*10]

これまで300~400種類以上の自分を制限するバイアスが知られていますが、代表的なものとして、次のようなものがあります。


「お金がないからできない」

「時間がないからできない」

「他者の期待に応えなければいけない」

「結果を出さなければいけない」

「間違ってはいけない」

「一度やったら続けなくてはいけない」


私の研究では、うまくいかない人ほど、これらのバイアスのうち少なくとも必ず1つは持っていることがわかっています。

なかには同時に3~4つ以上持っている人もいました。

でも、これらの自分を制限するバイアス（価値観）をすべて持ち続けたら、どんな人生になるか考えてみたことはあるでしょうか？

「お金がないから、どうせやれずに意味がない」
「時間をたくさんとらないといけないから、難しい」
「他者を優先して、自分の気持ちは我慢しよう」
「結果が出なければ、落ち込んでプロセスの喜びを感じられない」
「間違えないことばかり考えて、この瞬間を楽しめない」
「続けないといけないと思うと、義務感になってしまう」

このような状態になってしまい、「好きなこと」は目の前にあっても、「好きだ」と思える感覚をほぼ感じることができません。

つまり、好きなことはあるのに、バイアスで見えなくなってしまっているのです。

この状態を改善する方法としては、以前紹介した「本当にそれは真実なのか？」という問いかけです。

「お金がないからできない、は本当にそうなのか？」

「時間がないからできない、は本当か？」

「他人の期待に応えなければいけない、は本当に真実といえるのか？」

こういった問いかけを自分にしていくと、その場で考えが変わることもあれば、時間が経ってから薄れていくこともあります。[*11]

その期間は人それぞれですが、問いかけを通して、確実にバイアスに影響を与えることができます。

論理ではなく直感に従うことが、「やりたいこと探し」には適していることを伝えました。

バイアスが働くと、どうしても理性的になってしまうため、ライフワークを探すときに大きな障壁となってしまうのです。

また、相手のことばかり考える人も、自分の気持ちに正直ではありません。

自分の気持ちに心から正直になれること、いきなり理想の状態になる必要はありませんが、少しずつこの状態を目指していくことが、「好きなこと」を見つける近道になります。

習慣
10

片方ではなく両方とる

成功する人とそうでない人の違いは無数にありますが、そのなかでも特徴的な大きな違いが1つあります。

それは、選択肢が2つあるとき、うまくいく人ほど、両方をとろうとすることです。

私たちは2つの選択肢があったとき、往々にして迷います。

たとえば、休日に海に行ってみたい、でも、山にも行ってみたいとします。

普通は、どちらかを選ぼうとするかもしれません。

でも、うまくいく人ほど、海も山も両方とも堪能《たんのう》する選択肢をするのです。

たとえば、熱帯雨林に囲まれた沖縄の海に行ってみよう、海に行ってから山でグランピングできる場所に行ってみようなどと行動します。

レストランでハンバーグを食べたい、パスタを食べたい、どっちにしようではなく、両方とれないかを考えます。

つまり、悩むということは、どちらも好きな気持ちを感じているからかもしれません。

だったら、両方感じることでもっと大好きなものを発見したり、自分の居場所を見つけることができるのです。


これはライフワークや趣味でも同じです。

作曲もしたいし、歌いたいなら、シンガーソングライターになればよいですし、ピッチャーもバッターもやりたいならば、二刀流を目指せばいい。

私自身は研究が大好きで、人と話すことも大好きです。

両方とれる仕事を考えたら、今の仕事と出合うことができました。


世の中には人に迷惑をかけない限り、制限はありません。あるとしたら、自分自身が最も大きな制限になっています。

そこに気づくためにも、2つで迷ったら、両方とってみる。

この考え方を大切にできると、好きなことを見つける幅が格段に広がっていくでしょう。

おわりに

私がちょうど30代前半で闘病生活をしていたときのことです。
たまたま本を読んでいたとき、こんなエジソンの言葉と出合いました。

「私はこれまで一日も仕事をしたことがない。すべては楽しみだった」

衝撃でした。楽しいことをガマンして成果ばかりを考えてきた私の人生とはまったく違う生き方。信じてきたことが雪崩《なだれ》のように崩れ落ちていくのを感じました。

そして、この言葉が私を「やりたいこと探し」のより深い探求へと導いていったような気がします。

そんななか、研究して一番驚いたことは、意外にも私自身が目標を決めないほうがよいタイプの人間だったことです。

講演会も1000人に提供すると目標を掲げるより、面白そうな依頼を1つずつ大切にこなすほうが、反響が大きく、どんどん紹介も増えることに気づきました。

この本の内容もそうです。多くの人から「やりたいこと」を見つけたいというたくさんの要望があって、1つの形になりました。

感情には魔法のような力があります。

美しいものにワクワクする心、人と話すときに感じる喜び、子どもの笑い声に感じる幸せ、好奇心を感じ、誰かのためにと思える瞬間……こうした1つひとつの感情に従って小さな扉を開いていくと、まるで何かに導かれるように人生の大きな扉が開いていくことがあります。

そして、その扉の先には、光り輝く本当の自分が待っていて、驚くことがあります。

地球上に生きる生命には、必ずそれぞれの役割があります。

嫌われ者のボウフラは、汚い水に住むことで水を浄化する役割があるため、アマゾンの森林の生態系が守られ、酸素を生み出し、生命を守っています。

どんな人にもそれぞれの役割があります。

世の中はオーケストラのように、その人本来の音色《ねいろ》すべてが合わさると、想像もできない素晴らしいハーモニーが奏でられます。

地球上のすべての人が自分らしく生きられて、それぞれの役割を果たし、みんなが笑顔でいられる世の中になれる。本書がそんなちょっとしたきっかけになれたら、著者としてこれほど嬉しいことはありません。

脳科学者　西　剛志

脚注

はじめに

＊1　本当にやりたいことコーリングに関してこの10年で200以上の論文が発表されている／Duffy RD, Dik BJ, Douglass RP, England JW, Velez BL. Work as a calling: A theoretical model. J Couns Psychol. 2018 Jul;65(4):423-439／Sawhney, G., Britt, T. W., & Wilson, C. (2020). Perceiving a Calling as a Predictor of Future Work Attitudes: The Moderating Role of Meaningful Work. Journal of Career Assessment, 28(2), 187–201

第1章　なぜ、「やりたいこと」が見つからないのか？

＊1　選択肢が多いと理性よりも直感が正確になる／Dijksterhuis, A., Bos, M.W., Nordgren, L.F. & van Baaren, R.B. (2006). On Making the Right Choice: The deliberation-without-attention effect. Science, 311 (5763), 1005-1007

＊2　アイドルコンテストで誰が優勝するかは、直感のほうが正解率が高い／Michel Tuan Pham, et.al.“The Emotional Oracle Effect”, Journal of Consumer Research, 2012, Vol.39(3), p.461-477

＊3　直感は大脳基底核が担っている／Xiaohong Wan, et.al.,“The Neural Basis of Intuitive Best Next-Move Generation in Board Game Experts”, Science, 2011, Vol. 331(6015), p. 341-346

＊4　直感は６回経験するよりも24回経験したほうが働きやすくなる／Marius Usher, et.al., “The impact of the mode of thought in complex decisions: intuitive decisions are better” Front. Psychol., Vol.15, 2011, https://doi.org/10.3389/fpsyg.2011.00037

＊5　アンコンシャス・バイアス／Ogunleye TA. Unconscious Bias. Dermatol Clin. 2023 Apr;41(2):285-290.

＊6　違和感は理想自己と現実自己の不一致から生まれる／Rogers,C. R. 1951 Client－centered therapy : Its current practice,implications

and theory. Boston : Hough- ton Mifflin／ Higgins,E.T., Klein,R.L., & Strauman,T.J. 1987 Self-dis- crepancies : Distinguishing among self - states , self - state conflicts , and emotional vulnerabilities . In K . Yardley & T.Honess (Eds.), Self and identity : Psy- chosocial perspectives, pp.173-186.Chichester,Eng- land : Wiley.

＊7 自己違和感は自己開拓に役立つ／Duval,S. & Wicklund,R.A. 1972 A theory of objective self－awareness. New York : Academic Press.

＊8 理想のパートナーは12人と付き合ってから探すと、75%の確率で見つかる／Clio Cresswell, "Mathematics And Sex", Allen & Unwin (2004/9/28)

＊9 能力をほめられた子どもたちは、難しいことにチャレンジしなくなる／Mueller, C.M., & Dweck, C.S.,"Praise for Intelligence Can Undermine Children's Motivation and Performance", Journal of Personality and Social Psychology, 1998, Vol.75, p.33

＊10 自分で選択できるとき幸福度が高まる／西村和雄，八木匡，「幸福感と自己決定――日本における実証研究/ RIETI- 独立行政法人経済産業研究所」2018

＊11 コントロールできる状況は楽観主義を高める／G.Menon, et.al. "Biases in social comparisons: Optimism or pessimism?", Organizational Behavior and Human Decision Processes, 2009, Vol.108, p.39-52

＊12 コントロールできると思うだけでも楽観的な考え方になれる／A. Bracha & D.J. Brown, "Affective decision making: A theory of optimism bias", Games and Economic Behavior, 2012, Vol.75, p.67- 80

＊13 自分にないものに惹かれる「相補性対人理論」／Kiesler, D. J. (1996). Contemporary interpersonal theory and research: Personality, psychopathology, and psychotherapy. New York: Wiley／Sadler, P., & Woody, E. (2003). Is who you are who you're talking to? Interpersonal style and complementarily in mixed-sex interactions. Journal of Personality and Social Psychology, 84(1), 80–96.

＊14 小さな目標を持つだけで前頭前野の前方が活性化／Hosoda C., et.al.,“Plastic frontal pole cortex structure related to individual persistence for goal achievement”, Commun. Biol., 2020, Vol.3(1):194

＊15 私たちは成果を出すよりも、成長や前進しているときに喜びを感じる/Zhang, Y., & Huang, S.-C. “How endowed versus earned progress affects consumer goal commitment and motivation”, Journal of Consumer Research, 2010, Vol.37(4), p.641–654

＊16 幸福度は仕事の生産性に 10〜12%も影響する／Oswald, Andrew J. , Proto, Eugenio & Sgroi, Daniel, “Happiness and productivity”, Journal of Labor Economics, 2015, Vol.33(4), p.789-822

＊17 高い幸福度は仕事の生産性を 31%高め、創造性を3倍にする／Lyubomirsky S. et.al., “The benefits of frequent positive affect: does happiness lead to success?” Psychol. Bull., 2005, Vol.131(6), p.803-55

＊18「外向性」が強い人は情熱的で社会的な活動が好き／Li LN, Huang JH, Gao SY. The Relationship Between Personality Traits and Entrepreneurial Intention Among College Students: The Mediating Role of Creativity. Front Psychol. 2022 Feb 3;13:822206. doi: 10.3389/fpsyg.2022.822206.

＊19 聞き分けのよい子どもは社会的に成功しにくい／Marion Spengler, et. al., "Student Characteristics and Behaviors at Age 12 Predict Occupational Success 40 Years Later Over and Above Childhood IQ and Parental Socioeconomic Status" Developmental Psychology, July 2015

＊20 聞き分けのない子ほど、意思が強く判断力がしっかりしている／Hetzer H., “100 years of child psychology research”, Fortschr. Med., 1983, Vol.101(7), p.255-8

＊21 協調性が高く聞き分けのよい男性は収入が約7000ドル低い傾向／T.A. Judge, B.A. Livingston, C. Hurst.,“Do nice guys--and gals--really finish last? The joint effects of sex and agreeableness on income.” J. Pers. Soc. Psychol., 2012, Vol.102(2), p.390-407

＊22 私的自己意識／Scheier,M.F. & Carver,C.S. 1976 Self-focused attention and the experience of emotion:Attraction, repulsion, elation,and depression. Journal of Personality and Social Psychology,35,625-636／Scheier,M.F., Carver,C.S., & Gibbons,F.X. 1979 Self- directed attention,awareness of bodily states, and suggestibility. Journal of Personality and Social Psychology,37,1576-158.／Cheek,J.M. & Briggs,S.R. 1982 Self-consciousness and aspects of identity. Journal of Research in Person- ality.16,401-408.

＊23 公的自己意識／Fenigstein,A.1979 Self-consciousness,self-attention, and social interaction. Journal of Personality and Social Psychology, 37,75-86/ Carver,C.S. & Humphries,C. 1981 Havana daydream- ing : A study of self-consciousness and the negative reference group among Cuban Americans. Jour- nal of Personality and Social Psychology,40,545-52./Cheek,J.M. & Briggs,S.R. 1982 Self-consciousness and aspects of identity. Journal of Research in Person- ality.16,401-408.

＊24 コンフォートゾーンとストレッチゾーン／Kouvela, E., Hernandez-Martinez, P. & Croft, T. "This is what you need to be learning": an analysis of messages received by first-year mathematics students during their transition to university. Math Ed Res J 30, 165–183 (2018). ／Vygotsky, L. S. (1978). Mind in society: The development of higher psychological processes. Cambridge, MA: Harvard University Press.

＊25 現状維持バイアス Samuelson, W. & Zeckhauser, R. "Status quo bias in decision making", J. Risk Uncertainty, 1988, Vol. 1, p.7–59

＊26 コンフォートゾーンに居続けると、人の成長スピードが制限される／Woodward, B., and Kliestik, T. (2021). Intelligent transportation applications, autonomous vehicle perception sensor data, and decision-making self- driving car control algorithms in smart sustainable urban mobility systems. Contemp. Read. Law Soc. Just. 13, 51–64. doi: 10.22381/CRLSJ13220 214

＊27 運のいい人は出会いの数が多い／Richard Wiseman,"The Luck Factor", Miramax (2004/8/18)

＊28 やりたいことを生きられないのは機会に恵まれないことが影響する／Duffy, R. D., Autin, K. L., & Douglass, R. P. (2016). Examining how aspects of vocational privilege relate to living a calling. The Journal of Positive Psychology, 11, 416–427.

＊29 コーリングに出合うには、機会（人、物、仕事）の多さが関係／Duffy RD, Dik BJ, Douglass RP, England JW, Velez BL. Work as a calling: A theoretical model. J Couns Psychol. 2018 Jul;65(4):423-439

＊30 サルで発見された視聴覚ミラーニューロン／Kohler, E. et.al. “Hearing sounds, understanding actions: action representation in mirror neurons”, 2002, Science, Vol.297, p.846-848

＊31 ヒトにおけるミラーニューロンの示唆と聴覚とイメージの統合／Rizzolatti, Giacomo & Craighero, Laila, “Language and mirror neurons”, The Oxford Handbook of Psycholinguistics. 2012/Le Bel RM. et.al. “Motor-auditory-visual integration: The role of the human mirror neuron system in communication and communication disorders”, J. Commun. Disord. 2009, Vol.42(4), p.299-304

＊32 ミラーニューロンと運動制御／Murata, A. “Function of mirror neurons originated from motor control system”, Neurology and Clinical Neuroscience, Vol.12(1), 2005

＊33 内観幻想／Pronin, Emily; Kugler, Matthew B. "Valuing thoughts, ignoring behavior: The introspection illusion as a source of the bias blind spot", J. Exp. Soc. Psychol., 2007, Vol.43(4), p.565–578

＊34 私たちは自分のことを意外と知らない／Neubauer AC. Et.al. “The self-other knowledge asymmetry in cognitive intelligence, emotional intelligence, and creativity”, Heliyon, 2018, Vol.4(12):e01061

＊35 他人のほうが客観的で、正しく自分という人間を評価できる／Jackson, J.J., Connolly, J.J., Garrison, S. M., Leveille, M.M., & Connolly, S. L.(2015). Your Friends Know How Long You Will Live:A 75-Year Study of Peer-Rated Personality Traits. Psychological Science, 26(3), 335–340.

＊36 注目バイアス／Pool, E,.et.al.,"Attentional bias for positive emotetional stimuli: A meta-analytic investigation" Psychol. Bull. 2016, Vol.142(1),p.79- 106

＊37 オックスフォード大学の「プランドハップンスタンス理論」／Kathleen, E. Mitchell, S.AlLevin, John, D. Krumboltz, "Planned Happenstance: Constructing Unexpected Career Opportunities", J. Counseling & Development, Vol.77(2), p.115-124, 1999

第2章　ライフワークは、あなたを幸せにする

＊1 日経新聞2017年5月26日『「熱意ある社員」6%のみ　日本132位、米ギャラップ調査』

＊2 日本人は51%が「お金を得るために働く」と回答
平成26年度内閣府「国民生活に関する世論調査」

＊3 若い人でも職場の満足度はアメリカより約40%低い
平成26年度内閣府子ども・若者白書

＊4 仕事にはジョブ、キャリア、コーリングの3つのカテゴリー／Bellah, R. N., Madsen, R., Sullivan, W. M., Swidler, A., & Tipton, S. M. (1986). Habits of the heart. Individualism and commitment in American life. New York, NY: Harper & Row. "Habits of the Heart: Individualism and Commitment in American Life"（1985）Wrzesniewski, A., McCauley, C., Rozin, P., & Schwartz, B. (1997). Jobs, careers, and callings: People's relations to their work. Journal of research in personality, 31(1), 21-33.

＊5 コーリングの定義／Bryan J. Dik and Ryan D. Duffy（2009）"Calling and Vocation at Work: Definitions and Prospects for Research and Practice"The Counseling Psychologist 2009; 37; 424

＊6 コーリングは目的を感じられるもの／Hall, D. & Chandler, D. 2005 Psychological success: When the career is a calling. Journal of Organizational Behavior, 26, 155-176.

＊7 ライフワークが充実している人は幸福度が高く、仕事にも熱心／Douglass, R. P., Duffy, R. D., & Autin, K. L. (2016). Living a calling, nationality, and life satisfaction: A moderated, multiple mediator model. Journal of Career Assessment, 24, 253–269／ Duffy, R. D., Allan, B. A., Autin, K. L., & Douglass, R. P. (2014). Living a calling and work well-being: A longitudinal study. Journal of Coun- seling Psychology, 61, 605– 615／Wrzesniewski, A. (2012). Callings. In K. S. Cameron & G. Spreitzer (Eds.), Handbook of positive organizational scholarship (pp. 45–55). New York, NY: Oxford University Press／Yoon, J. D., Daley, B. M., & Curlin, F. A. (2017). The association between a sense of calling and physician well-being: A national study of primary care physicians and psychiatrists. Academic Psychiatry, 41, 167–173.

＊8 自己肯定感が高く、よく働き、他者や集団を自主的に助けようとする／Duffy, R. Allan, B. & Dik, B. 2011 The presence of a calling and academic satisfaction: Exploring potential mediators. Journal of Vocational Behavior,79:74-80.

＊9 セロトニンは不安を感じにくくさせ、心を安定させ幸せを生み出す／Jenkins TA, Nguyen JC, Polglaze KE, Bertrand PP. Influence of Tryptophan and Serotonin on Mood and Cognition with a Possible Role of the Gut-Brain Axis. Nutrients. 2016 Jan 20;8(1):56.

＊10 やりたいことをしている人は収入が高く、より高い地位を得たり、欠勤日数が少ない／Duffy. R. D. & Sedlacek, W. E. 2010 The salience of a career calling among college students: Exploring group differences and links to religiousness, life meaning, and life satisfaction. The Career Development Quarterly,59:27-41.

＊11 コーリングを見つけることは、チャレンジングな仕事をこなす能力に関係する／Esteves, T., & Lopes, M. P. (2017). Crafting a calling: The mediating role of calling between challenging job demands and turnover intention. Journal of Career Development, 44, 34–48.

＊12 コーリングを生きると肉体的な疲れやストレスまで感じにくくなる

／Ehrhardt K, Ensher E. Perceiving a calling, living a calling, and calling outcomes: How mentoring matters. J Couns Psychol. 2021 Mar;68(2):168-181.

＊13 幸せな人には幸せな人が集まる、ハーバード大学の研究（幸せは伝染する）／Fowler JH. & Christakis NA. “Dynamic spread of happiness in a large social network: longitudinal analysis over 20 years in the Framingham Heart Study”, BMJ. 2008, Vol.337:a2338

＊14 金は自分よりも人のために使ったほうが幸せに感じる／Dunn EW, Aknin LB, Norton MI. Spending money on others promotes happiness. Science. 2008 Mar 21;319(5870):1687-8

＊15 人のために行動すると脳の報酬系が活性化／Harbaugh WT, Mayr U, Burghart DR. Neural responses to taxation and voluntary giving reveal motives for charitable donations. Science. 2007 Jun 15;316(5831):1622-5

第３章　「ライフワークの原石」が見つかる77の動詞

＊1 「知人者智、自知者明」／『老子』第三十三章

＊2 松下幸之助著、『かえりみて明日を思う』、PHP研究所

＊3 成功するセールスマンは内向性が高い／Adam M. Grant ”Rethinking the Extraverted Sales Ideal The Ambivert Advantage”(2013)

＊4 感情は27種類からできている／Cowen AS, Keltner D. Self-report captures 27 distinct categories of emotion bridged by continuous gradients. Proc Natl Acad Sci U S A. 2017 Sep 19; 114(38):E7900-E7909.

＊5 コーリング（やりたいこと）につながる感情／Dobrow, S. R. & Tosti-Kharas, J. 2011 Calling: The development of a scale measure. Personnel Psy- chology, 64, 1001-1049／Wrzesniewski, A., McCauley,

C.R., Rozin, P., & Schwartz, B.(1997). "Jobs, careers, and callings : People's relations to their work." Journal of Research in Personality, 31, 21- 33／Bunderson, S. & Thompson, J. 2009 The call of the wild: Zookeepers, callings, and the double-edged sword of deeply meaningful work. Administra- tive Science Quarterly, 54, 32-57／Pratt, M. G., & Ashforth, B. E. (2003). Fostering meaningfulness in working and at work. In K. Cameron, J. E. Dutton, & R. E. Quinn (Eds.), Positive organizational scholarship (pp. 309-327). San Francisco, CA: Barrett-Koehler／Discerning Calling : Bridging The Natural and Supernatural" Bryan J. Dick and Michael F. Steger／Michael Novak（1996） Business as a Calling: Work and the Examined Life

＊6　真剣に作業を行なうとグルタミン酸が溜まって脳機能が低下する／Wiehler A, et.al.,."A neuro-metabolic account of why daylong cognitive work alters the control of economic decisions", Curr. Biol., 2022, Vol.32(16), p.3564-3575.e5.

＊7　ジョブ・クラフティングという考え方／Berg, J. M., Grant, A. M., & Johnson, V. (2010). When callings are calling: Crafting work and leisure in pursuit of unanswered occupational call- ings. Organization Science, 21, 973–994.

＊8　ジョブ・クラフティングで仕事の満足感や意義を高められる／Leana, C., Appelbaum, E., & Shevchuk, I. (2009). Work process and quality of care in early childhood education: The role of job crafting. Academy of Management Journal, 52, 1169–1192／Lu, C., Wang, H., Lu, J., Du, D., & Bakker, A. B. (2014). Does work engagement increase person-job fit? The role of job crafting and job insecurity. Journal of Vocational Behavior, 84, 142–152

＊9　ジョブ・クラフティングで従業員のパフォーマンスが向上／Tims, M., Bakker, A. B., & Derks, D. (2015). Job crafting and job performance: A longitudinal study. European Journal of Work and Organizational Psychology, 24, 914–928.

＊10　ジョブ・クラフティングの３つの技術／Wrzesniewski A., Dutton J. E.

(2001). Crafting a job: revisioning employees as active crafters of their work. Acad. Manag. Rev. 26, 179–201.

＊11 ビル・ゲイツの言葉／“Don’t compare yourself with anyone in this world… if you do so, you are insulting yourself”／By Lori Tingey from Las Vegas, USA (Bill Gates at CES 2007) [CC BY 2.0], via Wikimedia Commons

＊12 比較バイアス（コントラスト効果）／ Ehrenstein, W. H., & Hamada, J. “Structural factors of size contrast in the Ebbinghaus illusion” Japan. Psychol. Res., 1995, Vol.37(3), p.158–169 ／『あなたの世界をガラリと変える認知バイアスの教科書』西剛志著（SBクリエイティブ2023年）

第４章　あなたの個性がわかる「7つの質問」

＊1 ポジティビティバイアス／ Mezulis, A. H.; Abramson, L. Y.; Hyde, J. S.; Hankin, B. L.(2004). "Is there a universal positivity bias in attributions? A meta-analytic review of individual, developmental, and cultural differences in the self-serving attributional bias". Psychological Bulletin. 130(5): 711–747

＊2 楽観主義バイアス／Sharot T. et.al. “Neural mechanisms mediating optimism bias”, Nature, 2007, Vol.450(7166), p.102-5

＊3 ネガティブバイアス／ P. Rozin & E.B. Royzman, “Negativity bias, negativity dominance, and contagion”, Personality and Social Psychology Review, 2001, Vol.5, p.296-320

＊4 一人が好きな人は、レモンを口に入れたとき、唾液量が50％多い（代謝が高い） /Casey J, McManis DL. Salivary response to lemon juice as a measure of introversion in children. Percept Mot Skills. 1971 Dec;33(3):1059-65.

＊5 うまくいく人ほど成果を出す脳内トークをしている／『世界一やさしい自分を変える方法』、西剛志著（アスコム、2023年）

＊6　真剣に難しい作業をすると、思考が短期的になる/Ledford H. "Why thinking hard makes us feel tired", Nature, 2022, Aug 11. doi: 10.1038/d41586-022-02161-5.

＊7　過度な緊張は新しいアイデアや解決策が生まれるのを45%も減少させる/ Amabile, Teresa, "Does high stress trigger creativity at work?", Marketplace, May 3, 2012/ https://www.marketplace.org/2012/05/03/does-high-stress-trigger- creativity-work/

＊8　デシ博士のやる気の実験／Deci EL. "Effects of externally mediated rewards on intrinsic motivation", J. Pers. Soc. Psychol., 1971, Vol.18, p.105–115

第5章　適職がわかる「才能診断」

＊1　才能は社会的な要請によって定義が変わることがある／Araújo D, Roquette J, Davids K. Ubiquitous skill opens opportunities for talent and expertise development. Front Sports Act Living. 2023 May 3;5:1181752. doi: 10.3389/fspor.2023.1181752.

＊2　才能がかかわる脳の部分は多岐にわたる／Goriounova NA, Mansvelder HD. Genes, Cells and Brain Areas of Intelligence. Front Hum Neurosci. 2019 Feb 15;13:44. doi: 10.3389/fnhum.2019.00044／Colom R, Karama S, Jung RE, Haier RJ. Human intelligence and brain networks. Dialogues Clin Neurosci. 2010;12(4):489-501.

＊3　才能として最も世界で研究されている「IQ（知能指数）」／Andreasen N. C., Flaum M., Swayze V., II., O'Leary D. S., Alliger R., Cohen G., et al.. (1993). Intelligence and brain structure in normal individuals. Am. J. Psychiatry 150, 130–134.

＊4　近年発見された空間認知の才能「O」／Gauthier, I. (2018). Domain-Specific and Domain-General Individual Differences in Visual Object Recognition. Current Directions in Psychological Science, 27(2), 97–102.

＊5　ハーバード大学の「８つの知能（MI理論）」／Gardner H. Taking a multiple intelligences (MI) perspective. Behav Brain Sci. 2017 Jan;40:e203/ Gardner H. The theory of multiple intelligences. Ann Dyslexia. 1987 Jan;37(1):19-35／Shearer B. Multiple Intelligences in Teaching and Education: Lessons Learned from Neuroscience. J Intell. 2018 Aug 31;6(3):38. doi: 10.3390/jintelligence6030038

＊6　才能理論に対する世界の声／ Attwood AI. A Conceptual Analysis of the Semantic Use of Multiple Intelligences Theory and Implications for Teacher Education. Front Psychol. 2022 Jun 16;13:920851. doi: 10.3389/fpsyg.2022.920851／Cerruti C. Building a functional multiple intelligences theory to advance educational neuroscience. Front Psychol. 2013 Dec 19;4:950. doi: 10.3389/fpsyg.2013.00950 ／ Rousseau L. "Neuromyths" and Multiple Intelligences (MI) Theory: A Comment on Gardner, 2020. Front Psychol. 2021 Aug 6;12:720706. doi: 10.3389/fpsyg.2021.720706／

＊7　コーリングを生きていても、環境や組織のフィット感のバランスがとれないと、仕事の満足度が下がる／Berg, J. M,. Grant, A. M,. & Johnson, V. 2010 When callings are calling: Crafting work and leisure in pursuit of unanswered occupational callings. Organization Science,21(5):973-994／Xie B., Zhou, W., Huang, J.L., & Xia, M. 2017 Using goal facilitation theory to explain the relationships between calling and organization-directed citizenship behavior and job satisfaction. Journal of Vocational Behavior,100:78-87/ Duffy, R. D., Autin, K. L., & Bott, E. M. (2015). Work volition and job satisfaction: Examining the role of work meaning and P-E fit. Career Development Quarterly, 63, 126–140/ Kristof-Brown, A. L., Zimmerman, R. D., & Johnson, E. C. (2005). Consequences of individuals' fit at work: A meta-analysis of person-job, person-organization, person-group, and person-supervisor fit. Personnel Psychology, 58, 281–342.

第６章　「好き」を見つける小さな習慣

＊1　自己成就的予言／Sternberg E. A self-fulfilling prophecy: linking belief

to behavior. Ann N Y Acad Sci. 2011 Oct;1234:98-9.

＊2　ストレスがかかると視野が狭くなる／Dirkin GR. Cognitive tunneling: use of visual information under stress. Percept Mot Skills. 1983 Feb;56(1):191-8/ Vater C, Wolfe B, Rosenholtz R. Peripheral vision in real-world tasks: A systematic review. Psychon Bull Rev. 2022 Oct;29(5):1531-1557.

＊3　場所細胞／Moser MB, Rowland DC, Moser EI. Place cells, grid cells, and memory. Cold Spring Harb Perspect Biol. 2015 Feb 2;7(2):a021808.

＊4　場所細胞（海馬）は前頭前野の活性化とつながっている／Samborska V, Butler JL, Walton ME, Behrens TEJ, Akam T. Complementary task representations in hippocampus and prefrontal cortex for generalizing the structure of problems. Nat Neurosci. 2022 Oct;25(10):1314-1326.

＊5　オーバービューエフェクト／van Limpt-Broers HAT. et al. “Creating Ambassadors of Planet Earth: The Overview Effect in K12 Education” Front. Psychol. 2020, Vol.11

＊6　場所を移動すると、脳の報酬系（線条体）まで活性化する／Heller AS, Shi TC, Ezie CEC, Reneau TR, Baez LM, Gibbons CJ, Hartley CA. Association between real-world experiential diversity and positive affect relates to hippocampal-striatal functional connectivity. Nat Neurosci. 2020 Jul;23(7):800-804.

＊7　予想できない新しいことはドーパミンを分泌させる／Anselme P. & Robinson MJ.“What motivates gambling behavior? Insight into dopamine’s role”Front. Behav. Neurosci. 2013, Vol.7:182

＊8　プライミング効果／ Bargh JA., et.al., “Automaticity of social behavior: direct effects of trait construct and stereotype-activation on action”, J. Personal. Soc. Psychol., 1996, Vol.71(2), p.230- 244

＊9　信念バイアス Evans J.S.B. et.al. “On the conflict between logic and belief in syllogistic reasoning”, Mem. Cogn. 1983, Vol.11, p.295–306/

Evans J.S.B., et.al. “Necessity, possibility and belief: a study of syllogistic reasoning”, Q. J. Exp. Psychol. 2001, Vol.54, p.935–58

＊10 記憶力は信念バイアスで変化する Thomas, A. K., & Dubois, S. J. “Reducing the Burden of Stereotype Threat Eliminates Age Differences in Memory Distortion”, Psychological Science, 2011, Vol.22(12), p.1515–17

＊11 信念の書き換え／ Edwards, Ward. "Conservatism in Human Information Processing (excerpted)". In Daniel Kahneman, Paul Slovic and Amos Tversky.(1982). Judgment under uncertainty: Heuristics and biases. New York: Cambridge University Press. ISBN 978-0521284141 Original work published 1968.

■西　剛志（にし・たけゆき）　脳科学者

1975年生まれ。東京工業大学大学院生命情報専攻卒。博士号を取得後、特許庁を経て、2008年にうまくいく人とそうでない人の違いを研究する会社を設立。世界的に成功している人たちの脳科学的なノウハウや、才能を引き出す方法を提供するサービスを展開し、企業から教育者、高齢者、主婦など含めてこれまで1万5000人以上に講演会を提供。テレビやメディアなどにも多数出演。著書に『あなたの世界をガラリと変える認知バイアスの教科書』（SBクリエイティブ）、『80歳でも脳が老化しない人がやっていること』『世界一やさしい自分を変える方法』（以上、アスコム）などがある。著書は海外を含めて累計32万部を突破。

ブックデザイン：山之口正和　齋藤友貴（OKIKATA）
図版作成：WELL PLANNING
編集協力：東　雄介
出版プロデュース：森モーリー鷹博

1万人の才能を引き出してきた脳科学者が教える
「やりたいこと」の見つけ方

2023年11月9日　第1版第1刷発行
2024年3月28日　第1版第3刷発行

著　者　西　剛志
発行者　永田貴之
発行所　株式会社PHP研究所
東京本部 〒135-8137 江東区豊洲5-6-52
ビジネス・教養出版部 ☎03-3520-9619（編集）
普及部 ☎03-3520-9630（販売）
京都本部 〒601-8411 京都市南区西九条北ノ内町11
PHP INTERFACE https://www.php.co.jp/
組　版　WELL PLANNING
印刷所
製本所　大日本印刷株式会社

ISBN978-4-569-85570-7